PETER LONGERICH

DIE SPORT PALAST REDE 1943

PETER LONGERICH

DIE SPORT PALAST REDE 1943

Goebbels und der »totale Krieg«

Siedler

Sollte diese Publikation Links auf Webseiten Dritter enthalten, so übernehmen wir für deren Inhalte keine Haftung, da wir uns diese nicht zu eigen machen, sondern lediglich auf deren Stand zum Zeitpunkt der Erstveröffentlichung verweisen.

MIX
Papier | Fördert gute Waldnutzung
FSC® C014496
FSC www.fsc.org

Klimaneutral*
Druckprodukt
ClimatePartner.com/14044-1912-1001

Verlagsgruppe Penguin Random House FSC® N001967

2. Auflage 2023

Umschlaggestaltung: Büro Jorge Schmidt, München
Lektorat: Ludger Ikas
Satz: Leingärtner, Nabburg
Druck und Bindung: GGP Media GmbH, Pößneck
Printed in Germany
ISBN 978-3-8275-0171-4

www.siedler-verlag.de

Inhalt

Einleitung

Die Rede, die der Propagandaminister Joseph Goebbels am 18. Februar 1943 im Berliner Sportpalast hielt, gilt im Allgemeinen als eine der abschreckendsten, aber auch wirkungsvollsten rhetorischen Leistungen des 20. Jahrhunderts, als ein besonders perfides Beispiel für die Propaganda der Nationalsozialisten. Es handle sich um ein »rhetorisches Meisterstück«, einen gelungenen »Coup«, der »totale Krieg« habe die Existenz des Dritten Reiches um viele Monate verlängert, hieß es etwa 2013 in einer für die Einschätzung des Propagandamachwerks typischen Kommentierung in der Zeitung *Die Welt,* und Rafael Seligmann nannte die Rede die »wohl eindrucksvollste Polit-Suggestions-Show der Weltgeschichte«, nach der ein »psychologischer Ruck durch Deutschland ging, der beachtliche materielle und politische Folgen zeitigte«.[1] Immer wieder verwenden Dokumentarfilme über das »Dritte Reich« die historischen Wochenschau-Aufnahmen mit der berühmt-berüchtigten Frage nach dem »totalen Krieg« und der darauffolgenden ohrenbetäubenden Zustimmung eines besinnungslos scheinenden Publikums. Nicht wenige Schulbücher drucken die zehn Fragen, in denen die Rede gipfelte, im Wortlaut ab und fordern dazu auf, die Inhalte und rednerischen Mittel der Passage zu analysieren.[2]

Vor allem drei Gesichtspunkte dürften mit dafür verantwortlich sein, dass die Veranstaltung im Sportpalast auch nach achtzig Jahren so stark im kollektiven Gedächtnis präsent ist.

Erstens gilt sie als Paradebeispiel für nationalsozialistische Propaganda: eine perfekt und an einem symbolträchtigen Ort inszenierte Massenveranstaltung, die mit größtem medialem Aufwand in Presse, Rundfunk und Wochenschau in alle Welt verbreitet wurde.

Zweitens wird die Rede gerne als perfides Meisterwerk des Nazi-Chefpropagandisten Joseph Goebbels herangezogen, das seine Arbeitsweise in besonders drastischer Weise charakterisiert: Gerade an diesem Beispiel lässt sich demnach aufzeigen, wie der hochintelligente, eiskalte und grenzenlos fanatische Demagoge mit geradezu diabolischer Fähigkeit alle Register seines Könnens zog. Die Rede erscheint so als die extreme Ausformung der schon fast sprichwörtlichen »Goebbels-Propaganda«, immer noch ein Synonym für ein dreist ersonnenes und brandgefährliches Lügengewebe: Der Vorwurf, die Wahrheit »wie Goebbels« zu verdrehen, ist bis auf den heutigen Tag, nicht nur in Deutschland, ein schwerwiegender Vorwurf, sozusagen die ultimative Waffe im Arsenal politischer Polemiken.

Drittens gilt die Rede weithin als Musterbeispiel für »Massensuggestion«, für die nahezu grenzenlose Manipulier- und Verführbarkeit eines verblendeten und dem Trommelfeuer der Propaganda hilflos ausgelieferten Publikums. Eine tosende Menge fordert den »totalen« Krieg, will ihn »noch totaler« und folgt willig dem Redner, der »das Totalste« für »heute eben total genug« erklärt; die fanatisierte Masse scheint bereit zu sein, sich wie die sagenhaften Lemminge über die Klippen zu stürzen. In diesem Sinne geht von der Veranstaltung des 18. Februar 1943 bis heute eine eigenartige Faszination aus, scheint sie doch insbesondere die These zu bestätigen, dass die damalige deutsche Bevölkerung der Manipulation durch den Propagandaapparat beinahe willenlos ausgeliefert war – als »Verführungstheorie« eine vermeintlich plausible Erklärung dafür, warum die Deutschen das Regime ungeachtet all seiner Untaten und Verbrechen unterstützten. Die Veranstaltung scheint somit ein herausragendes historisches Beispiel für die Ansicht zu liefern, dass wer in der modernen Welt totale Medienkontrolle besitzt, auch die Köpfe der großen Mehrheit beliebig steuern kann.

Mit der Formel vom »totalen Krieg«, die so sehr im Mittelpunkt der Sportpalastkundgebung stand, griff Goebbels einen Begriff auf, der in Deutschland in der zweiten Hälfte der Dreißigerjahre des 20. Jahrhunderts als Schlüssel für einen künftigen Kriegserfolg galt. Propagiert worden war der Begriff vor allem durch die seinerzeit stark beachtete gleichnamige Schrift des ehemaligen Weltkriegs-Generalquartiermeisters Erich Ludendorff aus dem Jahre 1935. Sie zog zahlreiche weitere Publikationen nach sich und machte die Formulierung zu einem weitverbreiteten Schlagwort.[3] Ludendorff führte vor allem zwei Gedankengänge zusammen: Zum einen waren bereits in den Zwanzigerjahren zahlreiche Autoren in ihrer Auswertung der Erfahrungen des Ersten Weltkrieges zu der Schlussfolgerung gekommen, ein »Zukunftskrieg« ließe sich nur mit der konsequenten Unterordnung aller Lebensbereiche unter die Kriegserfordernisse erfolgreich führen. Dies hieß insbesondere die Umstellung der gesamten Produktion auf eine effektive Kriegswirtschaft, die vollkommene Steuerung des Arbeitskräfteeinsatzes, die Führung eines Propagandakrieges nach innen und nach außen sowie die Herstellung einer absolut geschlossenen »Heimatfront«. Diese Ziele wären idealerweise durch eine radikale Umgestaltung von Staat und Gesellschaft im Sinne einer »Wehrgemeinschaft« und eine entsprechende intensive Erziehungsarbeit bereits zu Friedenszeiten zu erreichen.[4]

Ludendorff selbst, der diese Überlegungen aufgriff, vertrat nun zum anderen die Ansicht, die »Versorgungsfrage von Volk und Wehrmacht« werde sich sicher durch »mechanisch-organisatorische Maßnahmen [...] lösen lassen«.[5] Jedoch sei das eigentliche Hauptproblem des totalen Krieges die Herstellung der »seelische[n]

Geschlossenheit« des Volkes, selbstverständlich auf der Grundlage des gemeinsamen »Rasseerbguts«, sowie die Errichtung einer starken innenpolitischen Führung durch einen »Feldherrn«, der bereits in Friedenszeiten die Politik in den Dienst der Kriegführung nehmen sollte.[6] Damit erhielt die durch Ludendorff geprägte Parole vom »totalen Krieg« eine stark irrationale, in der Tradition des völkischen Denkens stehende Dimension: Mit ihr verband sich eine aus der Tiefe des Volkes kommende gigantische Kraftanstrengung, ein nationales Aufbäumen im vollen Vertrauen auf die außeralltäglichen Fähigkeiten eines vom Schicksal bestimmten Führers.

Die wesentlichen Elemente dieses derart aufgeladenen Begriffs finden sich in Goebbels' Rede wieder: Neben den konkreten organisatorischen Maßnahmen zur vollständigen Indienstnahme von Wirtschaft und Gesellschaft für den künftigen Krieg sind dies vor allem der Appell an Einigkeit und Geschlossenheit des Volkes und die Beschwörung der unbedingten Treue zum »Führer«, vermischt, wie schon bei Ludendorff, mit einer hasserfüllten Polemik gegen die angeblichen Feinde der Einheit von Volk und Führung: die Juden. Goebbels griff bei seiner Rede also nicht auf ein ausgearbeitetes Konzept zurück, sondern auf einen weitverbreiteten, aber ebenso schillernden wie vielschichtigen Begriff, der sowohl eine organisatorisch-technische als auch eine völkisch-irrationale Dimension beinhaltete.

Nimmt man alles zusammen, so besitzen die Veranstaltung, ihr Urheber, die ihr unterstellte außergewöhnliche Wirkung sowie der dort propagierte Schlüsselbegriff also durchaus ein beträchtliches Potenzial zur Mythenbildung. Im Gegensatz dazu hat die historische Forschung[7] die Hintergründe und Umstände dieser Veranstaltung schon seit einiger Zeit entmythologisiert und in den Kontext eines internen Machtkampfes innerhalb des NS-Systems gestellt, eines Systems, das sich im Februar 1943 in seiner bisher größten

Krise befand. Eben darum soll es auch in diesem Buch in erster Linie gehen: Um die politische Vorgeschichte und die Auswirkungen der Veranstaltung. Sie sollen in jeweils einem Kapitel in pointierter Form dargestellt werden. Diese beiden Kapitel umrahmen dabei ein weiteres, das den eigentlichen Text der Rede enthält und ihn mithilfe eines detaillierten Kommentars erschließt.

1

Vorgeschichte: Von der Siegesstimmung im Sommer 1942 bis zur Winterkrise 1942/43

Goebbels' Sportpalastkundgebung vom 18. Februar 1943 bildete den Höhepunkt einer Kampagne für den »totalen Krieg«, die ganz maßgeblich durch den Propagandaminister initiiert und orchestriert wurde. Sie ist untrennbar mit seiner Person verbunden, und in ihr spiegeln sich wichtige Charaktereigenschaften und Eigenheiten des Ministers wider.[1]

1943 war Goebbels fast schon zwei Jahrzehnte ganz überwiegend als Propagandist tätig: Seit 1924 arbeitete er journalistisch und als Redner für die (noch verbotene) NSDAP, seit 1926 überzog er als Berliner Gauleiter die Reichshauptstadt mit einer Dauerkampagne aus lautstarker Agitation und hemmungsloser Gewalt. Daneben wurde er 1931 Reichspropagandaleiter der NSDAP und organisierte die folgenden Wahlkämpfe seiner Partei; im April 1933 wurde er schließlich Reichsminister für Volksaufklärung und Propaganda.

Die wohl wichtigste persönliche Voraussetzung, die Goebbels für die Tätigkeit als berufsmäßiger Propagandist mitbrachte, war sein – in seiner zutiefst narzisstischen Persönlichkeit wurzelndes – enormes Bedürfnis nach öffentlicher Anerkennung, eine im Grunde nicht stillbare Sucht nach Bewunderung seines Genies durch seine Mitmenschen. Anhand seiner Tagebücher lässt sich nachvollziehen, dass er seine unentwegte Propagandaarbeit als eine einzigartige Aneinanderreihung persönlicher Erfolge und Glücksmomente erlebte. Dies gilt insbesondere für seine Rednerauftritte: So fehlt etwa bei den Schilderungen seiner zahlreichen Sportpalastveranstaltungen fast nie der Hinweis, dass die zehntausend Plätze umfassende Arena »überfüllt«, »wie immer überfüllt« oder auch »wieder einmal überfüllt wie nie« war[2] – eine für ihn typische Formulierung, mit der er das singuläre Ereignis zum Dauerzustand erhob. Fast immer nahm er die Reaktion des Publikums als vollkommen enthusiastisch wahr und hielt sie begeistert in seinem Tagebuch fest: Wieder einmal »stürmischer Beifall«, »tosende Beifallsstürme«, das Publikum »rast«, es herrschte »rasante Stimmung«, »Bombenstimmung« oder ganz einfach »Echteste (*sic*) Sportpalaststimmung«.[3] Er selbst, so hielt er stets fest, war wie immer, wenn er redete, »in Bestform«, »in einer herrlichen Form«, »prima in Form« und so weiter. Gerne sonnte er sich im Anschluss an seine Auftritte bei Einladungen im kleinen Kreis im Lichte seines gerade vollbrachten Triumphes, und regelmäßig finden sich im Tagebuch des Propagandaministers ein oder zwei Tage nach seinen Auftritten Einträge, in denen er sich geradezu kindlich an dem gewaltigen positiven Echo der Medien erfreute, das doch sein eigenes Ministerium bis ins Detail hinein organisiert und angeordnet hatte.

Sein blühender Narzissmus und die Begeisterungsfähigkeit über den eigenen Erfolg bildeten also nicht nur einen wichtigen Antrieb für Goebbels' rastlose Tätigkeit als Propagandist, sondern hatten auch zur Folge, dass er die Qualität und Wirkung seiner eigenen Tätigkeit maßlos überschätzte. Goebbels war nur unzureichend in der Lage, die Selbstwahrnehmung von der Einschätzung der eigenen Person durch andere zu unterscheiden; beides verschwamm ineinander, und sein Wunsch, wieder einmal großartig gewesen zu sein, war so übermächtig, dass er euphorisch das rauschhafte Erlebnis des eigenen Erfolgs auf das Urteil anderer über die eigene Leistung übertrug. So entsteht Größenwahn.

Wie bei vielen Narzissten war die Sucht nach Anerkennung bei Goebbels mit der Abhängigkeit von einer engen Bezugsperson verbunden, die ihm durch beständiges Lob und Bewunderung das Gefühl persönlicher Stabilität vermittelte. Goebbels hatte diese Person – nach schon verzweifeltem Suchen – bereits 1924/25 in der Person Hitlers gefunden, der Goebbels' persönliche Schwäche rasch erkannte und sie konsequent ausnutzte, ihn also mit der für ihn existenziell notwendigen Zufuhr an Wertschätzung und Zuspruch versorgte. Entzog ihm der »Führer« aber auch nur kurzfristig seine Zuneigung, hatte dies bei Goebbels sofort Selbstzweifel und Depression zur Folge.

In seinem tiefen Abhängigkeitsverhältnis zu Hitler wurden »Führerpropaganda« und »Führerkult« für Goebbels nicht nur Propagandastrategien, sondern erweiterten seine persönliche Anhimmelung des Idols ins Gigantische. Die Vorstellung, dass er dazu ausersehen war, das gesamte deutsche Volk geschlossen hinter dem vom Schicksal zur Rettung des Vaterlands bestimmten Adolf Hitler zu vereinen, war der eigentliche Ansporn für seine rastlose Tätigkeit.

Aus Goebbels' Sucht nach öffentlicher Anerkennung und seiner Abhängigkeit von Hitler ergibt sich ein weiterer wichtiger Faktor: sein machtpolitischer Ehrgeiz, seine Stellung als Hitlers Chefpropagandist zu erweitern und der engste Vertraute und politische Mitarbeiter Hitlers, ja der eigentliche Exekutor des Führerwillens zu werden.

Schon als Berliner Gauleiter der »Kampfzeit« – so die heroisierende Bezeichnung der Nationalsozialisten für ihren Aufstieg in der Weimarer Republik – hatte Goebbels jedoch einsehen müssen, dass er nicht zu der kleinen Führungsgruppe gehörte, die Hitler bei seinen Berliner Sondierungen auf dem Weg zur »Machtergreifung« begleitete und in sein engstes Vertrauen gezogen wurde; an den Verhandlungen zur Bildung der Regierung Hitler-Papen im Januar 1933 war er nicht beteiligt. Auch nach der »Machtergreifung« war er über die Entschlussbildung Hitlers in wichtigen politischen Fragen nur unzureichend informiert. So ließ Hitler im Juni 1934, als er die SA-Führung um Röhm ausschaltete, Goebbels, der an einen Schlag gegen die »Reaktion« glaubte, bis zum letzten Augenblick über seine wahren Absichten im Dunkeln. Auch weihte er ihn in diesen Jahren in der Regel nicht in die Einzelheiten seiner außenpolitischen Überlegungen ein, sondern informierte ihn meist erst dann über seine nächsten Schritte, wenn die Propagandalage es erforderte.

1938/39 musste Goebbels eine schwere Trübung seines Verhältnisses zu Hitler und eine Einbuße seiner Stellung innerhalb des nationalsozialistischen Herrschaftssystems hinnehmen. Schuld daran war nicht nur seine öffentlich gewordene Affäre zu der Schauspielerin Lída Baarová, zu deren Beendigung Hitler ihn ebenso zwang wie zur Aufrechterhaltung seiner zerrütteten Ehe. Noch wichtiger für die Krise im Verhältnis Goebbels-Hitler war die mangelnde Bereitschaft des Propagandaministers, auf dem Höhepunkt der Sudetenkrise im Herbst 1938 die deutsche Bevölkerung auf den von Hitler gewollten Krieg auszurichten. Nicht zuletzt unter dem Eindruck des Novemberpogroms, bei dessen Auslösung Hitler Goebbels die zentrale Rolle zugedacht hatte, schwenkte dieser dann zwar auf Hitlers aggressiveren Kurs ein und stellte die gesamte Propaganda auf Kriegsvorbereitung um. Dennoch musste er erleben, dass im Konkurrenzkampf um die Gunst des »Führers« andere Exponenten des Regimes, wie Joachim von Ribbentrop oder Heinrich Himmler, an ihm vorbeizogen und er an den eigentlichen zentralen Entscheidungsprozessen weiterhin nur am Rande beteiligt war. Dies galt insbesondere für Hitlers außenpolitische Schachzüge im Jahre 1940 sowie für die Vorbereitungen der diversen »Feldzüge«. So war Goebbels über den Überfall auf die Sowjetunion, den Hitler seit Sommer 1940 plante, erst ab März 1941 informiert, als der Aufmarsch bereits begonnen hatte.

Solange das Dritte Reich erfolgreich Kriege führte und nur Siegesmeldungen zu verkünden waren, stellten sich für Goebbels als Propagandaminister zudem kaum größere Herausforderungen. Seine Stunde kam erst, als das Regime im Herbst 1941 als Folge des stockenden Vormarsches in Russland in eine schwere Krise geriet: Nun sah er es als seine zentrale Aufgabe an, die schwankende Stimmung aufzufangen und die Bevölkerung auf einen längeren und entbehrungsreichen Krieg einzustellen, also mehr »Härte« und »Haltung« einzufordern.[4] Insbesondere ging er daran, jedwede Debatte über die Kriegsdauer zu unterbinden: Nicht die Frage, wie lang der Krieg noch dauere, so belehrte er die deutsche Bevölkerung, sei entscheidend, sondern wie er enden werde.[5] Auf dem Höhepunkt der Winterkrise, als die Truppe im Osten endgültig und ohne Winterausrüstung stecken blieb, unternahm er große Anstrengungen, um im Zuge einer »Wollsachensammlung« der Bevölkerung den Ernst der Lage vor Augen zu führen – und sie gleichzeitig mit dem Einsammeln von Socken und Pullovern zu beschäftigen, um der depressiven Stimmung entgegenzuwirken: »Je mehr die Heimat zu tun hat, desto besser wird die Stimmung sein.« Das Volk, so behauptete er, sei »glücklich, Opfer bringen und sich am unmittelbaren Kriegsgeschehen beteiligen zu können«.[6]

Die Lage im Sommer 1942

Tatsächlich sollte sich die militärische Lage im Laufe des Frühjahrs 1942 wieder entspannen und sich im Juni mit der Eroberung Tobruks und dem deutsch-italienischen Vormarsch Richtung libysch-ägyptische Grenze sowie Ende des Monats mit dem Beginn der deutschen Sommeroffensive im Osten sogar außerordentlich positiv entwickeln. Der Preis war allerdings eine Schwächung der Luftabwehr im Westen, welche die britische Luftwaffe zu Großangriffen auf deutsche Städte ausnutzte: Im März wurde Lübeck schwer in Mitleidenschaft gezogen, im April dann Rostock und im Mai Köln, gefolgt von Essen und Bremen im Juni, Duisburg im Juli und Düsseldorf Anfang August.[7] Goebbels befürchtete, dass weitere Luftangriffe, militärische Rückschläge an den Landfronten oder auch die sich im Sommer ungünstig entwickelnde Ernährungssituation einen plötzlichen Zusammenbruch der inzwischen relativ entspannten bis positiven Stimmung zur Folge haben könnten. Er wandte sich daher im Juli und August sowohl in seinen Tagebüchern wie auch in seinen Propagandaanweisungen gegen einen zu großen Überoptimismus.[8]

Doch mit dieser vorsichtigen Haltung geriet er in Gegensatz zu Hitler, der die finale Entscheidung in diesem Krieg bereits greifbar nahe sah. Am 19. August besuchte Goebbels das Führerhauptquartier in Winniza, wo ihm ein äußerst optimistischer Hitler seine weiteren Pläne erläuterte: Er wolle in zwei bis drei Tagen den Großangriff auf Stalingrad starten; die Stadt an der Wolga habe er, wie Goebbels festhielt, »besonders auf Nummer genommen«, und er beabsichtige, sie »restlos zu zertrümmern«, und zwar aus »psychologischen, aber auch aus militärischen Gründen«. Für die Eroberung der Stadt rechnete er mit einem Zeitraum von acht Tagen.[9]

Mit dem südlichen Flügel der Offensive wolle er sodann spätestens bis zum Herbst die Ölfelder von Baku einnehmen. Aber nicht nur das: Hitler verfolgte den, wie Goebbels es nannte, »gigantischen Plan«, in den »Nahen Osten vorzubrechen, Kleinasien in unseren Besitz zu bringen, Irak, Iran, Palästina zu überrumpeln und damit England nach dem Verlust der ostasiatischen Quellen die letzten Ölreserven abzuschneiden«. Nehme man noch die bis dahin den »Bolschewisten« abgerungenen, für ihre Versorgung lebenswichtigen Gebiete hinzu, dann »drücken wir damit unmittelbar auf den Adamsapfel des Feindes«.

In Nordafrika würden Rommels Truppen »über kurz oder lang

durch die El-Alamein-Stellung durchbrechen und bis Kairo vorstoßen« – auch wenn Rommels erster Durchbruchversuch im Juli ebendort gescheitert war. Diesen wahrhaft »gigantischen Plan«, den gesamten Nahen Osten von Westen und von Norden in die Zange zu nehmen, so kommentierte Goebbels in seinem langen Tagebucheintrag über das Treffen in einem Anflug von Skepsis, möge man ja »im Augenblick für Zukunftsmusik halten«, doch er zeigte sich gleichzeitig beeindruckt von Hitlers Entschlusskraft; der hielt es immerhin für möglich, dass »unter diesen Schlägen die feindliche Kriegführung zusammenbrechen« werde.

Angesichts dieser Einschätzung der Lage sprach sich Hitler auch gegenüber Goebbels dagegen aus, eine »nennenswerte Propaganda in Deutschland gegen den zunehmenden Optimismus« zu unternehmen, denn das »gleiche sich von selbst wieder aus«. Hitler hatte damit den Punkt angesprochen, der Goebbels seit einigen Wochen so außerordentlich beunruhigte. Noch am Vortag hatte dieser sich – zum wiederholten Mal innerhalb kurzer Zeit[10] – in einer längeren Tagebucheintragung gegen den »von Tag zu Tag geradezu grotesk anwachsende[n] Überoptimismus im deutschen Volke über die Frontlage« gewandt und – wie schon am Tag zuvor[11] – eine entsprechende Anweisung an Presse und Rundfunk erlassen. »Eine schwere seelische Erschütterung würde am Ende des kommenden Herbstes die Folge sein, wenn es uns nicht gelänge, das Volk rechtzeitig mit dem wahren Ernst des Krieges und seiner vermutlichen Dauer vertraut zu machen.«[12]

In diesem Punkt bestanden also zwischen dem Diktator und seinem Propagandaminister erhebliche Auffassungsunterschiede; sie sollten in den kommenden Wochen offen aufbrechen. Aber vorerst wurde das Thema vertagt: Am Abend des 19. August sprach man dann noch, wie dies bei Besuchen Goebbels' im Führerhauptquartier mittlerweile zum Ritual geworden war, über Kultur, Persönliches sowie dies und das, bevor Goebbels sich zurückzog: »Dann ist der schöne Tag zu Ende. Ich fühle mich erfrischt wie nach einem Bade.«

Einige Tage später, am 23. August, begann, wie von Hitler angekündigt, die eigentliche Schlacht um Stalingrad. Gegen immer zäheren Widerstand der Roten Armee kämpften sich die deutschen Truppen bis an den Stadtrand vor.[13]

Mitte September war Goebbels zu der Einsicht gekommen, dass »von der Eroberung Stalingrads zum großen Teil das Schicksal unseres diesjährigen Sommer- und Herbstfeldzuges« abhänge.[14] Vorsorglich gab er auf seiner täglichen Ministerkonferenz am 15. September bereits detaillierte Anweisungen für die Bekanntgabe der Eroberung der Stadt im Rundfunk.

Der mit Goebbels um die aktuelle »Ausrichtung« der Medien heftig konkurrierende »Reichspressechef« Otto Dietrich ging jedoch noch einen Schritt weiter und gab am gleichen Tag eine »Tagesparole« heraus, in der er die deutsche Presse darauf vorbereitete, die unmittelbar bevorstehende »siegreiche Entscheidung dieses so großen Kampfes um die Stadt Stalingrad in wirkungsvollster Form [...] zu würdigen«. Goebbels opponierte allerdings gegen Hitlers in die gleiche Richtung weisende Absicht, jetzt schon eine Sondermeldung herauszugeben, und so wurde die Presse am nächsten Tag darüber informiert, dass bis zum »Fall von Stalingrad« erst »einige noch laufende Teiloperationen abgeschlossen« werden müssten.[15]

Die Affäre weckte bei Goebbels Erinnerungen an den Herbst des Vorjahres, als Dietrich, offenbar angeregt durch die allzu optimistische Atmosphäre im Führerhauptquartier, über die Medien verfrüht den kurz bevorstehenden militärischen Sieg über die Sowjetunion verkündete und damit zunächst in der Bevölkerung Euphorie, dann aber – als der schnelle Sieg nicht eintrat – tiefe Enttäuschung auslöste. Goebbels, der damals versucht hatte, durch propagandistische Maßnahmen diese Fehlleistung Dietrichs zu reparieren, war seitdem sehr darauf bedacht, solche gefährlichen Stimmungsschwankungen zu vermeiden.[16]

Ende September 1942 nannte er Dietrichs Nachrichtenpolitik auf der Ministerkonferenz »unbegreiflich und töricht«.[17] Mit dem Reichspressechef selbst redete er »Fraktur«; Dietrich gab sich, so Goebbels' Eindruck, kleinlaut, weil ihm wohl »die Schwäche seiner Position und auch die Verfehltheit seiner Nachrichtenpolitik, die jetzt wieder zu so peinlichen Schwierigkeiten und Verwicklungen geführt hat«, bewusst sei.[18]

»Übertriebener Optimismus« im Herbst 1942

Hitler äußerte sich am 30. September anlässlich einer Rede zur Eröffnung des Winterhilfswerks in Berlin zu den weiteren Kriegsaussichten; es war sein erster öffentlicher und im Rundfunk übertragener Auftritt nach über fünf Monaten. In seiner Rede kündigte er den Fall Stalingrads an. Indem er sich dabei über die künftige »Organisation dieses gigantischen Riesenraumes« ausließ, setzte er zwar den endgültigen Sieg über die Sowjetunion voraus, ohne sich jedoch zu der Frage zu äußern, wie lange der Krieg noch dauern könne.[19]

Siegesgewiss gab Hitler sich auch am nächsten Tag bei einer Zusammenkunft der Gau- und Reichsleiter. Goebbels notierte, es gebe »für ihn und für uns nur totalen Sieg oder totale Vernichtung. Allerdings wolle er keinen Zweifel darüber lassen, daß der totale Sieg uns so gut wie sicher sei.« In diesem Jahr werde, so Hitler weiter, »im großen und ganzen« sein ursprünglicher »operativer und strategischer Plan militärisch durchgeführt«, was im Vorjahr an der Unfähigkeit des damaligen, im Dezember 1941 entlassenen Oberbefehlshabers des Heeres, von Brauchitsch, gescheitert sei. Sein Plan laufe »darauf hinaus, den Sowjets ihre wirtschaftlichen

Voraussetzungen zu zerstören und sie damit endgültig zu vernichten und zu schlagen«. Anschließend habe er dann vor, am Kaspischen Meer entlang »auf Mesopotamien vorzustoßen, um seine Visitenkarte bei der englischen Ölversorgung abzugeben«.[20]

Sorgen machte Goebbels im Oktober weiterhin ein »übertriebener Optimismus, um nicht zu sagen Illusionismus, der nach Reden Görings und anderer prominenter Politiker wieder ausgebrochen sei.[21] Goebbels ging auf Gegenkurs und verordnete der Propaganda, »die Lage mit einem nüchternen Realismus zu schildern, damit das deutsche Volk nicht über kurz oder lang aus dem siebenten Himmel auf die harte Erde zurückfällt«.[22] Im Gegensatz zu Hitlers weit gesteckten Plänen begann Goebbels nun, die Bevölkerung auf die höchst realen Aspekte des Krieges einzustellen.

Am 12. Oktober bezog er in seinem Tagebuch den Standpunkt, »daß wir bald damit beginnen müssen, uns für die kommenden Herbst- und Wintermonate ein Programm zurechtzulegen«. An der Ostfront werde man demnächst gezwungen sein, statt weiter in die Offensive zu gehen, sich auf eine feste Linie zurückzuziehen, was die Propaganda im zweiten Kriegswinter im Osten vor besondere Herausforderungen stelle. Die Antwort auf diese Situation müsse lauten, »daß wir mehr und mehr auf eine totale und radikale Kriegführung, und zwar nach innen wie nach außen, hinsteuern. Ich hoffe, daß die Stimmung für eine solche Linie im Herbst und im Winter günstiger sein wird, als sie im Sommer gewesen ist. Dann werde ich wieder erneut auf den Plan treten. Wahrscheinlich wird es mir im Verlaufe der nächsten Monate gelingen, eine ganze Reihe von Maßnahmen durchzusetzen, die ich bisher noch nicht durchsetzen konnte […]. Wir sprechen zwar von einer totalen Kriegführung, wir führen sie aber praktisch nicht durch. Aber was nicht ist, das wird und muß bald werden.«

Mitte Oktober und Anfang November veröffentlichte Goebbels im Rahmen seiner ständigen Kolumne in der Wochenzeitung *Das*

Reich zwei Artikel, mit denen er eine, wie er selbst einschätzte, »realistische«[23] Position in der Kriegspropaganda einnahm. Unter der Überschrift »Der Segen der Erde« äußerte er sich zunächst ausgesprochen pragmatisch zu den Kriegszielen im Osten: »Diesmal geht es nicht um Thron und Altar, sondern um Getreide und Öl, um Raum für unsere wachsende Volkszahl, die in der bisherigen Enge nicht leben und nicht ernährt werden kann.« Zwei Wochen später behauptete er unter der Überschrift »Der Krieg als soziale Revolution«: »Für uns geht es in diesem Krieg wesentlich darum, uns die Voraussetzungen zur Vollendung der sozialen Revolution unseres Volkes zu erkämpfen«, während der Deutschland von der »Plutokratie« aufgezwungene Krieg »eine Kampfansage gegen unsere Revolution« sei, »und zwar in der Hauptsache gegen ihre sozialistische Seite«.[24]

Die Krise zieht herauf

Mittlerweile schwanden die Aussichten, bis zum Ende des Jahres noch kriegsentscheidende Erfolge gegen die Sowjetunion zu erzielen. Die allgemeine Aufmerksamkeit konzentrierte sich auf die Stadt, die den Namen des sowjetischen Diktators trug. Zwar hatte die Wehrmacht bis Ende Oktober fast die gesamte, völlig zerstörte Stadt besetzt, doch es gelang ihr nicht, auch noch den schmalen Streifen westlich der Wolga, den die Rote Armee immer noch hielt, in ihren Besitz zu bringen; die Angriffskraft der in Stalingrad eingesetzten 6. Armee war verbraucht.[25]

Goebbels gab sich im letzten Drittel des Monats in seinen Tagebüchern einerseits besorgt über die zunehmend kritischer werdende Lage in Stalingrad, andererseits hielt er aber auch mit einer gewissen Befriedigung fest, dass »das Volk endgültig mit den Illusionen bezüglich des Ostfeldzugs Schluß gemacht« habe. Für bemerkenswert erachtete er es, dass man mittlerweile anstelle der Parole »Wir werden siegen!« häufiger den Satz: »Wir müssen siegen!« höre: »Man ist sich allgemein darüber klar, daß dieser Krieg unsere letzte Chance ist und daß wir ihn gar nicht verlieren dürfen.«[26]

Zusätzlich verdüsterte sich die Lage aber nun durch die prekäre Entwicklung auf dem nordafrikanischen Kriegsschauplatz. Rommel, dem Anfang September der Durchbruch durch die feindlichen Linien bei Alam Halfa nicht gelungen war, erlitt schließlich in der zweiten Schlacht bei El-Alamein (Ende Oktober/Anfang November) eine empfindliche Niederlage und wurde zum raschen Rückzug nach Westen gezwungen.[27]

Goebbels reagierte mit einem weiteren Leitartikel für die Wochenzeitung *Das Reich*, in dem er einen Vergleich mit der Situation unmittelbar vor der »Machtergreifung« zog – ein Thema, das er in den kommenden Monaten immer wieder strapazieren und das sich auch in der Sportpalastrede vom 18. Februar wiederfinden sollte. Ende 1932 habe der Nationalsozialismus, so wie heute, ganz auf sich allein gestellt gegen eine »seltene Kumpanei« kämpfen müssen, gegen eine widernatürliche Koalition aus bürgerlichen und kommunistischen Kräften, und so wie damals werde man sich letztlich auch heute durchsetzen.[28]

Darüber hinaus empfahl er der Feindseite, diese solle »in Zukunft weniger von unserer Stimmung und mehr von unserer Haltung« sprechen. »Stimmung ist meistens eine Augenblickssache; Haltung aber eine Sache von Dauer.« Mit dieser Unterscheidung leitete Goebbels eine wichtige Wende in der Ausrichtung der »öffentlichen Meinung« durch das NS-Regime ein: Ihm ging es darum, die nationalsozialistische Politik unabhängig zu machen von Stimmungsschwankungen, wie sie etwa der Sicherheitsdienst der SS oder seine eigenen Propagandaämter in ihrer regelmäßigen Berichterstattung vermeldeten.

Bis dahin war die »Stimmung« der Bevölkerung stets ein wichtiges Kriterium für die Beurteilung der Erfolge nationalsozialistischer Politik gewesen – und Goebbels hatte in erster Linie für das Hochhalten der Stimmung Verantwortung getragen. »Gute Stimmung« kam darin zum Ausdruck, dass die große Mehrheit der Bevölkerung durch ihr Verhalten in der Öffentlichkeit ihre Zustimmung zur Politik des Regimes signalisierte, also eifrig nationalsozialistische Veranstaltungen besuchte, bei Sammlungen fleißig spendete, den Hitlergruß zeigte, die Hakenkreuzfahne zum Fenster heraushängte, sich in Aufmärsche einreihte oder am Straßenrand jubelnd Spalier bildete, begeistert auf öffentlichen Plätzen den Lautsprecherübertragungen von Propagandaveranstaltungen lauschte und so weiter. Die Propagandamedien taten ihr Übriges, um dieses Bild größtmöglicher Geschlossenheit des Volkes zu reproduzieren. Da das Regime über ein Medienmonopol verfügte und mithilfe des umfangreichen Parteiapparates ein engmaschiges Kontrollsystem errichtet hatte, war das öffentliche Verhalten der Bevölkerung in hohem Maße steuerbar.

»Gute Stimmung« ließ sich also in einem erheblichen Umfang herstellen, notfalls auch, indem man »Meckerer« und Quertreiber anrempelte oder mit noch härteren Maßnahmen gegen sie vorging. Dies war aber alles sehr aufwendig und im Kriegsalltag kaum durchzuhalten: Vor allem fielen mit fortschreitendem Krieg die Großveranstaltungen weitgehend aus, die zuvor alle paar Wochen Gelegenheit gegeben hatten, die grenzenlose Loyalität und die übergroße Begeisterung der Bevölkerung zu dokumentieren, ob Reichsparteitage, Maifeiern, Erntedankfeste, Einweihungen, Militärparaden, feierliche Einzüge oder Großaufmärsche. Negative Reaktionen auf die Politik des Regimes konnten folglich nicht mehr so einfach mit Propagandarummel überdeckt werden, während – wie wir bei Goebbels gesehen haben – eine zu optimistische Stimmung zu Kriegszeiten geradezu frivol erschien und unerwünschte Erwartungen wecken konnte. Es genügte also aus der Sicht Goebbels' durchaus, wenn die Bevölkerung dem Ernst des Krieges entsprechend ihren alltäglichen Verpflichtungen nachkam, ohne in Apathie zu verfallen oder aufsässig zu werden.

Als sich die Parteiführung am 8. November, also an dem Tag, als der eben erwähnte Goebbels-Artikel erschien, in München versammelte, um wie jedes Jahr den Jahrestag des misslungenen Putschversuches von 1923 zu begehen, traf eine weitere Hiobsbotschaft ein: Britische und amerikanische Streitkräfte waren in Marokko und Algerien gelandet. Schon bald zeigte sich, dass die dort stationierten französischen Streitkräfte, die dem Vichy-Regime unterstanden, allenfalls symbolischen Widerstand leisteten, weshalb zu erwarten war, dass Rommels Streitmacht nun von zwei Seiten in die Zange genommen würde.[29] In seiner Rede, die er am Abend im Münchner Löwenbräukeller hielt und die im Rundfunk übertragen wurde, gab Hitler sich zwar siegesgewiss, ging aber auf die alarmierenden Nachrichten vom nordafrikanischen Kriegsschauplatz nur ganz am Rande ein.[30] Die in den Goebbels-Tagebüchern enthaltenen Notizen über die Aktivitäten der NS-Spitze am 8. November und an den folgenden Tagen vermitteln den Eindruck einer gewissen Ratlosigkeit angesichts der neuen Situation.

Um sich den von Westen vordrängenden alliierten Streitkräften entgegenzustellen, baute die Wehrmacht überstürzt einen Brückenkopf in Tunesien auf, während sich Rommels Truppen ebenfalls Richtung Tunesien zurückzogen. Deutsche Truppen marschierten ab dem 11. November in die bisher nicht besetzte Zone in Südfrankreich ein; man bereitete sich also bereits auf einen alliierten Landungsversuch an der Mittelmeerküste vor.[31]

Wenige Tage nach diesen Ereignissen kamen weitere dramatische Nachrichten von der Ostfront: Eine am 19. November von Norden und von Osten gegen den deutschen Frontbogen bei Stalingrad vorgetragene Offensive führte bereits nach vier Tagen zur Einschließung der deutschen 6. Armee, eine Tatsache, die man der deutschen Bevölkerung zunächst verheimlichte. Goebbels wusste, was dies bedeutete: »Damit ist natürlich eine außerordentlich bedrohliche Lage geschaffen worden. Wenn es uns nicht gelingt, diese Umklammerung wieder zu durchbrechen, so ist unsere Stalingrad- und die gesamte Wolgafront gefährdet, und auch der Südflügel unserer Ostfront gerät bedenklich in Gefahr.«[32] Er übertrieb nicht: Zusammengenommen leiteten die militärischen Entwicklungen im Osten und in Afrika die Kriegswende ein; das »Dritte Reich« war endgültig in die Defensive geraten.[33] Am 24. November gab Hitler den Befehl, den Kessel in Stalingrad unter allen Umständen zu halten und weiter aus der Luft zu versorgen.

Mitte November war Goebbels wie alle Gauleiter zum Reichsverteidigungskommissar ernannt worden und besaß somit im »Reichsverteidigungsbezirk« Berlin die Befugnis, Anweisungen an die zivilen Behörden zu erteilen. Die Ernennung bestärkte ihn in seiner Absicht, »für eine Radikalisierung und Totalisierung unserer Kriegführung auf allen Gebieten« einzutreten.[34]

Ende November schrieb er in sein Tagebuch, es sei »nicht zu verkennen, daß wir uns in der Durchführung des totalen Krieges einige Versäumnisse haben zuschulden kommen lassen, gegen die ich oft genug, aber leider in vielen Fällen vergeblich, angegangen bin. Hätten wir rechtzeitig die Frauenarbeitspflicht und die Auskämmung der Heimatbehörden, insbesondere der der Wehrmacht, ein- und durchgeführt, so ständen dem Führer heute zweifellos mehrere Hunderttausend, wenn nicht gar eine Million frischer Soldaten zur Verfügung.« Er werde Hitler bei seinem nächsten Treffen jene »Radikalisierung und Totalisierung unserer Kriegführung auf allen Gebieten« vorschlagen. Und: »Wenn wir uns einmal dazu entschließen könnten, eben Krieg insgesamt zu führen ohne Rücksicht auf Front oder Heimat, dann ständen uns Kräfte zur Verfügung, die mit Leichtigkeit ausreichten, die gegenwärtigen Schwierigkeiten zu überwinden.« Allerdings dürfe man dabei nicht weiterhin die bevorrechtigten Kreise des Volkes schonen«, sondern müsse »jedermann zwingen, am Kriege so teilzunehmen, wie das seinen Kräften und nicht, wie das seinen Absichten entspricht.[35]

Am nächsten Tag las er im neuesten Bericht des Sicherheitsdienstes, der regelmäßig die »Stimmung« im Land erkundete, im »ganzen Volke« werde »in vermehrtem Umfange die Frage gestellt, warum wir keine totale Kriegführung einführten. Es wäre das auch in der Tat das Gebot der Stunde.«[36] Aber das war nicht seine einzige Informationsquelle: »In einem Geheimbericht der SD, der nur für mich persönlich geschrieben worden ist, wird die innere Lage etwas kritischer dargestellt als im offiziellen Bericht.«

Der letzte Eintrag verdeutlicht, dass der »offizielle Bericht«, der auch heute noch als eine wichtige Quelle für die Einstellung der damaligen deutschen Bevölkerung gilt, nur einen begrenzten Wahrheitsgehalt besaß, schon weil die Verfasser offenbar mögliche Reaktionen ihrer Leserschaft in der nationalsozialistischen Führung antizipierten und die Berichte entsprechend darauf einstellten. Es empfiehlt sich daher und aus anderen methodischen Gründen, die Berichte nicht als authentisches Abbild der damaligen »Stimmung« zu lesen, sondern eher als einen wichtigen Faktor, der – unabhängig von seinem Wahrheitsgehalt – das Handeln der damaligen Entscheidungsträger beeinflusste. Goebbels entnahm diesem für ihn geschriebenen Sonderbericht Folgendes: »Man hört doch jetzt schon hier und da, daß im Volke Kritik am Führer selbst geübt wird, vor allem da die eine oder andere Prognose des Führers, vor allem die bezüglich Stalingrads, nicht eingetroffen sei.« Goebbels wollte diese Deutung nicht so recht glauben und sie eher auf die jahreszeitliche Stimmung zurückführen: »Ich halte diese Darstellung für leicht übertrieben. Das Vertrauen zum Führer ist im Volke meiner Ansicht und meinen Erfahrungen nach gänzlich unerschüttert. Daß eine gewisse Depression herrscht, kann nicht wundernehmen. Der November ist ja seit jeher der Monat der Depressionen gewesen.«

Ebenfalls Ende November gab ihm die »allgemeine Propagandalage« Anlass »zu einigen Besorgnissen«, befinde man sich doch generell »etwas in der Defensive«: »Dem Ausland gegenüber fehlt es uns an Substanz, besonders bezüglich der Pläne des kommenden Europas. Im Innern aber fehlt etwas die zusammenfassende Idee einer Kriegspropaganda auf Dauer. Ich bemühe mich mit allen Mitteln, eine solche Idee aufrechtzuerhalten, aber sie wird immer wieder durch die Torheiten neben- oder untergeordneter Dienststellen, die vorzeitig und ohne mein Wissen vorprellen, zerschlagen.« Jetzt, zu Beginn des Winters, müsse »unsere allgemeine Propaganda im Inland und nach dem Ausland hin wieder ihre alte starke Werbekraft« erhalten. Man müsse doch wenigstens »in rohen Umrissen unsere Absichten bezüglich des Neuaufbaues Europas« darlegen. Auch mache sich »das Fehlen konkreter militärischer Nachrichten über die jüngsten Vorgänge [...] außerordentlich nachteilig bemerkbar«.[37]

Weiter schrieb er an diesem Tag, man sehe allmählich »auch in den Kreisen, die sich bisher einer solchen Totalisierung der Kriegführung widersetzten, ein, daß man etwas Zusätzliches tun muß, wenn man nicht den Krieg endlos in die Länge ziehen will. Wer dagegen einwendet, daß eine totale Kriegführung zu einer gewissen Demoralisierung des Volkes führen würde, muß darauf hingewiesen werden, daß nichts so sehr das Volk demoralisiert wie die lange Dauer des Krieges. Es muß also unser Bestreben sein, mit energischen Mitteln dafür zu sorgen, den Sieg möglichst bald in unsere Hand zu bekommen und Zeitgewinn als den größten Gewinn dieses Krieges anzusehen.«

Der Übergang vom Triumphgefühl des Sommers in die Krise des Winters 1942/43 vollzog sich also in mehreren Phasen: Im August und September herrschte bei Hitler und in seiner Umgebung übergroßer Optimismus, die weit gesteckten Ziele der Sommeroffensive im Süden der Ostfront erreichen zu können, also Stalingrad zu erobern und sodann bis Baku und Krasny vorzustoßen. Hitler träumte bereits davon, diese Eroberungen als Basis für einen weiteren Vorstoß in den Nahen Osten hinein nutzen und zusammen mit einem Vorstoß Rommels gegen die britischen Streitkräfte Ägypten, Palästina, Jordanien und Syrien in die Zange nehmen zu können.

Doch Ende Oktober, Anfang November stellte sich Ernüchterung ein: Die deutsche Offensive im zerstörten Stalingrad blieb stecken, am 2. November gelang Montgomery in der Schlacht von El-Alamein der entscheidende Durchbruch, der Rommel in die Defensive zwang, und am 8. November landeten Amerikaner und Briten im Rücken der Afrika-Armee der Achse in Algerien und Marokko.

Goebbels, der bereits im September einem zu großen Optimismus in der Kriegspropaganda entgegengetreten war und sich im Oktober 1942 bemüht hatte, die Propaganda auf einen »realistischeren« Kurs einzustellen, sah in der sich kurz vor dem Wintereinbruch verdüsternden Lage die Chance, nun den Propagandakurs grundsätzlich zu verschärfen und die eigene Bevölkerung auf eine härtere Linie, auf eine Mobilisierung aller Reserven und eine Reduzierung der noch bestehenden privaten Annehmlichkeiten einstellen zu können.

Diese Option wurde zur Gewissheit, als die deutschen Truppen in Stalingrad am 23. November 1942 eingekesselt wurden und sich im Dezember die schlechten Nachrichten aus der eingeschlossenen Stadt häuften.

Goebbels' »Judenpolitik« im Dezember 1942

Bei der nationalsozialistischen Variante des »totalen Krieges« ging es ebenso wenig allein um die vollständige Ausschöpfung und Mobilmachung des Kriegspotenzials in allen Lebensbereichen, sowohl in Deutschland als auch in den besetzten Gebieten, wie um eine Radikalisierung der Kriegsführung, die generell den Unterschied zwischen Kombattanten und Zivilisten aufhob. Vielmehr umfasste sie insbesondere auch die Dimension einer rassistisch motivierten Vernichtungspolitik. Die Massenmorde an Juden hatten mit dem Überfall auf die Sowjetunion im Sommer 1941 begonnen und waren in den folgenden Monaten, gleichsam im Schatten des sich ausweitenden und perspektivisch immer mehr in die Länge ziehenden Krieges, räumlich immer weiter ausgedehnt und intensiviert worden. Jetzt, Ende 1942, ging Goebbels daran, diese Vernichtungspolitik offen in den Dienst eines wahrhaft »totalen« Kriegskonzepts zu stellen.

Zu diesem Zeitpunkt war der systematische Mord an den Juden Europas weit vorangeschritten: Die in den sowjetischen Gebieten von den Deutschen angetroffenen Juden waren bereits überwiegend erschossen worden, in Polen waren die Ghettoräumungen und die Deportationen in die Vernichtungslager in vollem Gang; aus dem »Großdeutschen Reich«, Frankreich, den Niederlanden und Belgien rollten die Deportationszüge nach Auschwitz, Majdanek und in die Todeslager der »Aktion Reinhardt«. Auch ein großer Teil der slowakischen Juden hatte das gleiche Schicksal erlitten, bis die Deportationen aus diesem Land im Oktober ausgesetzt wurden, und Ende des Jahres hatte die Mordmaschinerie auch die kleine jüdische Gemeinschaft Norwegens erreicht.

Angesichts dieser Ausmaße ließ sich das Jahrhundertverbrechen nicht wirklich geheim halten. Die Deportationen aus den deutschen Städten und die anschließende Versteigerung des Hausrats der verschleppten Menschen waren öffentliche Ereignisse, und das beredte Schweigen der Propaganda über das Schicksal der Deportierten ließ viele das Schlimmste vermuten. So waren innerhalb des »Großdeutschen Reiches« Gerüchte und Informationen über den Mord an den Juden weitverbreitet: Quellen waren unter anderem Soldaten und Angehörige der Besatzungsverwaltung, die über die Erschießungen im Osten zu berichten wussten, Angehörige der Reichsbahn, die die Deportationszüge fuhren und abfertigten, oder auch Deutsche aus dem »Altreich«, die vorübergehend im Raum Auschwitz arbeiteten und ihre eigenen Beobachtungen machen konnten.[38]

Die deutsche Propaganda und namentlich führende Vertreter des Regimes reagierten auf diese Situation, indem sie deutliche Signale aussandten, die die Gerüchte im Kern bestätigten, ohne jedoch auf Details des Mordprozesses einzugehen. So erwähnte Hitler etwa im Laufe des Jahres 1942 mehrfach die vor sich gehende »Ausrottung« der Juden,[39] und die Partei-Kanzlei versandte im Oktober 1942 ein Rundschreiben an die Gau- und Kreisleiter, in dem sie zu Gerüchten über »sehr scharfe Maßnahmen gegen die Juden in den Ostgebieten« in einer Form Stellung nahm, die man als Bestätigung lesen konnte.[40]

Bis Ende 1942 verdichteten sich die Hinweise auf den Massenmord an den Juden, die aus dem von Deutschland beherrschten Europa herausdrangen, zu einem Gesamtbild und wurden auch in den Medien der alliierten und neutralen Staaten immer häufiger thematisiert.[41] Am 17. Dezember verlas Außenminister Eden vor dem britischen Parlament eine Deklaration der alliierten Regierungen, in der die Deutschen angeklagt wurden, systematisch Juden aus ganz Europa in das besetzte Polen zu deportieren und bereits Hunderttausende ermordet zu haben. Begleitet war diese Erklärung von einer Welle von Presseveröffentlichungen, Radiosendungen und Protestkundgebungen.[42]

Die entsprechend alarmierte Weltöffentlichkeit beschäftigte Propagandaminister Goebbels zunehmend. Am 5. Dezember 1942 hielt er in seinem Tagebuch die weltweiten Proteste gegen die »angeblichen Greueltaten der deutschen Regierung gegen die europäischen Juden« fest. Am folgenden Tag lehnte er einen ihm vorgelegten Vorschlag zur »Liquidierung von Judenehen« ab, da er fürchtete, dass dadurch »in der öffentlichen Meinung wieder so viel Unruhe und Verwirrung angerichtet« werde. Drei Tage später reagierte er höchst alarmiert: »Die Juden machen in der ganzen Welt mobil gegen uns. Sie berichten von furchtbaren Greueln, die wir uns angeblich in Polen gegen die jüdische Rasse zuschulden kommen ließen, und drohen nun auf dem Wege über London und Washington, alle daran beteiligten nach dem Kriege einem furchtbaren Strafgericht zuzuführen. Das kann uns nicht daran hindern, die Judenfrage einer radikalen Lösung zuzuführen.«[43]

Goebbels sah sich schließlich gezwungen, auf der internen Ministerkonferenz seines Hauses[44] Stellung zu diesem Thema zu beziehen. Zunächst gab er am 8. Dezember die Weisung aus, die Vorwürfe zu ignorieren, ohne sie jedoch im Kreise seiner Mitarbeiter zu dementieren: »Unbeschadet dessen, wie weit diese Meldungen den Tatsachen entsprechen, soll auf dieses etwas heikle Thema überhaupt nicht eingegangen werden, da nach Ablauf einer gewissen Zeit diese Polemik des Feindes sowieso wieder verstummen wird.« »Nicht beachten« hieß es daraufhin in den Anweisungen an die deutsche Presse. Am folgenden Tag brachte er auf der Konferenz seinen Unmut über Proteste schwedischer Studenten gegen die deutschen Judenverfolgungen zum Ausdruck, und am 11. Dezember gab er die Weisung, »Meldungen über die Drangsalierung des polnischen Staates und über die Ausrottung der Juden« sollten »in gar keiner Weise« aufgegriffen werden.

Am 12. Dezember sah er sich gezwungen, seinen Kurs zu ändern und eine propagandistische Gegenoffensive zu starten, denn er war zu der Schlussfolgerung gekommen, dass man »mit dieser Sache auf die Dauer nicht durch Totschweigen fertig werden« könne. Gegenüber seinen Mitarbeitern räumte er bei diesem Kurswechsel ein, dass es in der Sache selbst nichts zu dementieren gebe. Angesichts der Tatsache, dass »die gegnerischen Nachrichten über die angeblichen deutschen Greueltaten an Juden und Polen immer massiver werden, der Fall aber so liegt, dass wir nicht allzu viel an Gegenbeweisen anzuführen haben«, gebe er die Weisung, »unsererseits eine Greuelpropaganda aufzumachen und unter allerstärkster Betonung über englische Greueltaten in Indien, im Nahen Osten, in Iran, Ägypten usw. überall, wo Engländer sitzen, zu berichten«. Auf diese Weise werde es gelingen, die Engländer »in die Defensive zu drängen«. Im Übrigen setze er, was die konkreten Informationen über die britischen »Greueltaten« anbelange, auf den Erfindungsreichtum seiner Mitarbeiter. Als sein Staatssekretär Leopold Gutterer einwarf, es würden von der Ostfront des Öfteren Fotos in die Heimat geschickt, »auf denen am Galgen aufgeknüpfte Juden usw. zu sehen seien«, geriet Goebbels in Fahrt und ordnete die Herausgabe einer »Aufklärungsschrift für die Truppe« an, in der das »verbrecherische Treiben der Juden« aufgezeigt und eindeutig festgestellt werden solle: »Entweder hängen wir die Juden auf, die unsere Kriegführung gefährden, oder die Juden hängen uns eines Tages auf.« Es sei nun aber »töricht, solche Dinge zu photographieren und nach Hause zu schicken«, weil sie in der Heimat »unangebrachte Sentimentalitäten« weckten und der Feindpropaganda Munition lieferten.

Zwar wurde eine solche Broschüre am Ende nicht erstellt, doch Goebbels' Äußerungen zeigen deutlich, dass er bereit war, mit dem heiklen Thema zumindest unter den Soldaten der Ostfront, die vielfach Augenzeugen des Judenmordes waren, sehr viel offener umzugehen. Am 13. und 14. Dezember beschäftigte er sich in seinen Tagebucheintragungen abermals mit dem Thema und hielt abschließend kühl fest: »Aber es nutzt den Juden alles nichts. Die jüdische Rasse hat diesen Krieg vorbereitet, sie ist der geistige Urheber des ganzen Unglücks, das über die Welt hereingebrochen ist. Das Judentum muß für sein Verbrechen bezahlen, so wie der Führer es damals in seiner Reichstagsrede prophezeit hat: mit der Auslöschung der jüdischen Rasse in Europa und vielleicht in der ganzen Welt.«

Am gleichen Tag, an dem Goebbels diese Sätze zu Papier brachte, machte er auf der Ministerkonferenz noch einmal längere Ausführungen zu dem von ihm befohlenen »Entlastungsfeldzug«, der von den deutschen Verbrechen ablenken sollte. Dabei bestätigte er erneut, dass die alliierten Vorwürfe den Kern der Sache träfen, ja, er räumte mit entwaffnender Offenheit sogar ein, dass die genannten Zahlen in ihrer Größenordnung zutreffend seien: »Wir können nun auf diese Dinge nicht antworten; wenn die Juden sagen, wir hätten 2 ½ Millionen Juden in Polen füsiliert oder nach dem Osten abgeschoben, so können wir natürlich nicht darauf antworten, dass es etwa nur 2,3 Millionen gewesen wären. Wir sind also nicht in der Lage, uns auf eine Auseinandersetzung – wenigstens vor der Weltöffentlichkeit nicht – einzulassen.« Und er fuhr fort: »Im übrigen ist auch die Weltöffentlichkeit noch nicht so weit über die Judenfrage aufgeklärt, als dass wir es wagen könnten zu sagen: ›Jawohl, das haben wir getan, und zwar aus folgenden Gründen.‹ Wir kämen ja auch gar nicht zu Worte.«[45]

Auf der gleichen Konferenz formulierte Goebbels weitere Richtlinien für die »Entlastungskampagne«: Alle Meldungen, »ob sie nun aus dem Nahen Osten, ob aus Iran, Palästina, aus Französisch-Nordafrika oder Ostindien kommen, müssen jetzt groß aufgebauscht werden […]. Ganz systematisch muss jetzt in dieser Kampagne jeden Tag etwas Neues erfunden werden […].« Die Kampagne solle sich nicht nur auf die Auslandspropaganda erstrecken, sondern auch auf die deutschen Medien. Die Informationen der alliierten

Seite über die deutsche Judenverfolgung hatten sich nach Einschätzung des Propagandaministers innerhalb Deutschlands bereits so weit verbreitet, dass hierauf reagiert werden musste.

Die »offensive Abwehr-Kampagne gegen die feindliche Greuel-Kampagne«, so Goebbels zwei Tage später, solle sich »nicht auf die Engländer beschränken. Wir müssen jetzt ein allgemeines Geschrei über Greuel anstimmen, in dem zum Schluss die Hetze gegen uns völlig untergeht.«

In der entsprechend instruierten Presse erschien daraufhin in der Tat eine Reihe von Artikeln, die diese »Hinweise« aufnahmen, doch eine Kampagne auf breiter Front kam nicht zustande – sehr zu Goebbels' Ärger, der beständig mahnte nachzulegen. Offenbar fehlte es den deutschen Journalisten dann doch an Einfallsreichtum, sich angesichts der bedrohlichen Lage an der Ostfront – auf die sich natürlich auch das Interesse des lesenden Publikums Ende 1942 besonders richtete – täglich neue britische Grausamkeiten in Indien, Afrika oder sonst wo auszudenken.

Die Anweisung auf der Pressekonferenz vom 22. Dezember, »Greuelmeldungen aus Moskau und England sollten nicht aufgegriffen werden« und »wenn doch, dann nur in sehr massiver Abwehr«, zeigt, wie die deutsche Propaganda Ende des Jahres in der »Judenfrage« in die Defensive geraten war, denn nun sah man sich doch gezwungen, inhaltlich auf die alliierten Vorwürfe einzugehen.

Goebbels' Propagandakurs in diesen Wochen, die Offenlegung des systematischen Mordes an den Juden durch die Alliierten nicht zu dementieren, sondern zu ignorieren bzw. mit einer Ablenkungskampagne aufzufangen, war demnach gescheitert. Da Goebbels die Verbreitung von Informationen über diese Untaten nicht verhindern konnte – ob sie nun durch alliierte Propaganda, durch deutsche Soldaten von der Ostfront oder durch die zahlreichen Deutschen, die Zeugen der Deportationen waren, verbreitet wurden –, scheint er sich entschlossen zu haben, mit diesem Thema offensiv umzugehen. Das hieß konkret, die umlaufenden Gerüchte über die Morde durch bestimmte Signale und Hinweise zu bestätigen und den Deutschen deutlich zu machen, dass sie längst Zeugen und Komplizen eines gigantischen Verbrechens geworden waren und nun vor der Alternative standen, die er am 12. Dezember benannt hatte: »Entweder hängen wir die Juden auf oder die Juden hängen uns eines Tages auf.« Dieses Szenario sollte zum integralen Bestandteil seiner Anstrengungen zur »Totalisierung« des Krieges werden und ist in der Sportpalastrede explizit nachweisbar.

Gefährliche Weihnachtsstimmung

Goebbels verfolgte Ende des Jahres weiterhin aufmerksam das Schicksal der in Stalingrad eingeschlossenen 6. Armee, doch seine Tagebucheintragungen deuten zunächst nicht darauf hin, dass er mit einer militärischen Katastrophe rechnete.[46]

Die äußerst zurückhaltende offizielle Berichterstattung über die Lage im Osten – nach wie vor verschwieg man die Einkesselung der Stalingrad-Armee und vermied es generell, deutsche Positionen mit Ortsnamen zu benennen – führte, so seine Einschätzung auf Basis der Stimmungsberichterstattung, zu einer immer stärkeren Beunruhigung innerhalb der deutschen Bevölkerung. Auch die tatsächliche Lage in Afrika blieb für den Durchschnittsbürger nebulös. Die Schuld daran gab Goebbels dem Oberkommando der Wehrmacht (OKW), das für die Herausgabe des täglichen Wehrmachtsberichts verantwortlich war.[47]

Kurz vor Weihnachten gelangte er selbst jedoch aufgrund der ihm zugänglichen militärischen Informationen zu dem Schluss, dass die »Ostlage« insgesamt »kritisch« sei.[48] Das zur Besinnung einladende Weihnachtsfest war aus seiner Sicht ein psychologischer Störfaktor: Zwar wies er auch in diesem Jahr die Medien an, nicht allzu viel Weihnachtliches zu bringen, aber, so hielt er etwas resigniert fest, »die Weihnachtsstimmung kommt ja durch das Herannahen des Festes von selbst«.[49] Dann versuchte er erneut, seine eigenen Besorgnisse zu unterdrücken: »Ich bin der Meinung, daß die Dinge sich über kurz oder lang wieder klären werden. Die letzte Winterkrise muß für uns ein Beispiel sein dafür, was wir jetzt zu tun haben. Die Bolschewisten haben bisher überhaupt noch keinen großen operativen Erfolg errungen, und er wird ihnen auch in diesem Winter versagt bleiben.«[50]

Um der Weihnachtsstimmung entgegenzuwirken, ging er gerade in diesen Tagen daran, der christlichen Auffassung von Auferstehung eine nationalsozialistische Alternative gegenüberzustellen: Zum Jahresende veröffentlichte er im *Reich* einen Artikel, in dem er, wie es in seinem Tagebuch heißt, das »Problem unserer Gefallenen [...] von einer höheren Warte aus« habe betrachten wollen. In dem Artikel stand, dass diejenigen, die in jungen Jahren im Krieg stürben, ihm als »die Vollendeten« erschienen: »Als sie vom Leben Abschied nahmen, umgab es sie gerade mit seinem heroischsten Rhythmus. Das große Ziel, für das wir kämpfen und arbeiten müssen an schweren Tagen und in kummervoll durchwachten Nächten, hat ihnen in der letzten Minute ihres irdischen Daseins schon die Hand gereicht.« Und: »Unsere Toten stehen auf der anderen Seite des Lebens schon in seinem strahlenden Licht. Wir sind die Suchenden, sie die Vollendeten. Sie haben früh ihre Zeit erfüllt, die vor uns noch mit tausend Rätseln und Aufgaben liegt.«[51]

Die Planungen für den »totalen Krieg« beginnen

Am 28. Dezember erschien Martin Bormann, der mächtige Leiter der Partei-Kanzlei und enge Vertraute Hitlers, im Auftrag des »Führers« bei Goebbels, um mit ihm über die geplante Feier des zehnten

Jahrestages der Machtergreifung am 30. Januar zu sprechen.[52] An diesem Tag, so Bormann, solle »keine Zukunftsmusik geblasen, sondern Rechenschaft abgelegt« werden, eine Formulierung, die sich gegen die Pläne Robert Leys, des Führers der Deutschen Arbeitsfront (DAF), richtete, anlässlich des Jahrestages durch Hitler weitreichende Sozialgesetze bekannt geben zu lassen. Ley hatte bereits versucht, Goebbels für diese Pläne zu gewinnen.[53] Außerdem, so Goebbels in seinem Tagebuch, hatte Bormann durch Hitler den Auftrag erhalten, »mit mir die Frage der totalen Kriegführung in jeder Beziehung einmal durchzusprechen«, eine Tatsache, die für Goebbels ein »richtiger Triumph« war, da »alle meine Gedanken und Wünsche, die ich seit anderthalb Jahren immer wieder vertrete, nun mit einem Ruck in die Wirklichkeit übersetzt werden sollen«.

Goebbels begann das neue Jahr, indem er mit größter Energie sein Projekt einer »Totalisierung« des Krieges verfolgte. Dabei ging es ihm im Wesentlichen um drei Dinge: um die Einführung der Arbeitsdienstpflicht für Frauen, die Einstellung der nicht kriegswichtigen Industrien sowie die Stilllegung von teuren Lokalen und Luxusgeschäften.[54] Im Ministerium ließ er ein entsprechendes »Exposé über die totale Kriegführung« ausarbeiten, das ganz in seinem Sinne in einem sehr aktivistischen Ton gehalten war und auf seine Veranlassung hin dem Chef der Reichskanzlei Hans Heinrich Lammers zugesandt wurde.[55] In den ersten Januartagen führte Goebbels verschiedene Einzelgespräche,[56] schwor seine Mitarbeiter auf der Ministerkonferenz auf seinen Kurs ein[57] und bestärkte sich in seinem Tagebuch immer wieder selbst in dem Gedanken, die »Totalisierung« des Krieges sei der Schlüssel für den Sieg.[58]

Am 8. Januar kam dann, wie von ihm gewünscht, eine entscheidende Besprechung im kleinen Kreis zustande, an der unter seinem Vorsitz Lammers, Bormann, Wilhelm Keitel, der Chef des Oberkommandos der Wehrmacht, Wirtschaftsminister Walther Funk,

Fritz Sauckel, der »Reichsbeauftragte für den Arbeitseinsatz«, sowie Albert Speer, Reichsminister für Bewaffnung und Munition, teilnahmen.[59]

Nachdem zunächst Keitel die knappe Personallage der Wehrmacht erläutert hatte, ergriff Goebbels das Wort, um die »ganze Angelegenheit in einem längeren Vortrag von der politischen Seite aus« zu beleuchten. Goebbels schlug von Beginn an einen radikalen Ton an, wandte sich gegen »jede Illusionsmacherei« und führte – nach dem Motto »Nichts ist unmöglich« – Beispiele aus der »Kampfzeit« an. Konkret liefen seine Forderungen darauf hinaus, »daß wir dem Führer in einer relativ kurzen Zeit 500 000 bisher uk.-Gestellte zur Verfügung stellen«. Dazu kämen noch 200 000 Kräfte, die Hitler von Speer »aus der Rüstungswirtschaft für die Front« verlangt hatte. Es gab einige Einsprüche von Sauckel, der glaubte, das Problem mit den vorhandenen Mitteln, also vor allem der zwangsweisen Rekrutierung weiterer ausländischer Arbeitskräfte, lösen zu können, doch in der Diskussion gelang es Goebbels, diese Einwände mit Funks, Speers und Bormanns Unterstützung zu überwinden.

Schließlich einigte man sich auf den Text eines Führererlasses. In den nächsten Tagen machte Sauckel noch einige Schwierigkeiten, doch schließlich lag Hitler der zwischen allen Beteiligten abgestimmte Entwurf vor.[60]

Nach diesem ersten Erfolg startete Goebbels eine Propagandaoffensive, zum einen, um seine noch zögernden Kollegen unter Druck zu setzen, zum anderen, um das propagandistische Vakuum zu füllen, das durch Hitlers hartnäckiges Schweigen angesichts der sich entfaltenden Krise zu entstehen drohte.

Im *Reich* vom 17. Januar veröffentlichte er unter der Überschrift »Der totale Krieg« einen programmatischen Artikel: »Je radikaler und totaler wir den Krieg führen, um so schneller kommen wir zu seinem siegreichen Ende«, lautete die Kernthese. Einen »gewissen kleinen Teil unseres Volkes« scheine das nichts anzugehen, und entsprechend polemisierte er gegen die »Nichtstuer«, »Faulenzer«, »Parasiten«.[61]

Zwar musste er sich in seinem Tagebuch eingestehen, dass die Erörterung solcher Themen für die deutsche Auslandspropaganda »etwas abträglich« war, doch die »innerpolitischen Vorteile« überwogen seiner Ansicht nach.[62]

In der folgenden Woche legte er deshalb nach und konkretisierte unter der Überschrift »Die Optik des Krieges« – ein Schlagwort, das er in seiner Sportpalastrede vom 18. Februar wieder aufgreifen sollte – seine Vorstellungen: Das »äußere Gesicht des Krieges in der Heimat« sei »keineswegs so, daß jeder auf den ersten Blick feststellen kann, es geht um alles«. Was war zu tun? Selbstverständlich sei die »Aufrechterhaltung unseres Kulturlebens«, Rundfunk, Theater, Film. Aber Geschäfte, in denen es nichts mehr zu kaufen gebe, Bars, Schlemmerlokale etc. müssten geschlossen werden.[63]

Der von Hitler schließlich am 13. Januar unterzeichnete Führererlass über den umfassenden Einsatz von Männern und Frauen für Aufgaben der Reichsverteidigung kam Goebbels' Vorstellungen weitgehend entgegen. Er sah im Einzelnen vor, durch erhebliche Umschichtungen alle personellen Kräfte frei zu machen, die in der Rüstungsindustrie und in der Wehrmacht eingesetzt werden konnten. Hierzu sollten alle Tätigkeiten, die bisher als »unabkömmlich« eingestuft worden waren, überprüft werden, es sollten alle noch nicht im »Arbeitseinsatz« befindlichen Menschen erfasst und nicht kriegswichtige Betriebe stillgelegt werden.[64]

Zur Durchführung dieser Aufgaben setzte Hitler einen »Dreierausschuß« ein, der aus Keitel, Lammers und Bormann bestehen und ihm regelmäßig Bericht erstatten sollte. Goebbels war ursprünglich ganz selbstverständlich davon ausgegangen, er werde ebenfalls diesem Ausschuss angehören,[65] musste dann jedoch hinnehmen, dass an seiner Stelle Keitel in das Gremium einrückte. Trösten konnte er sich lediglich mit der Formulierung im Führererlass, der Ausschuss solle »enge Fühlung« mit ihm halten.

Bereits wenige Tage nach Hitlers Unterschrift hielt Goebbels jedoch die ersten Gegenreaktionen fest: »Gewisse Kreise versuchen mit allen Mitteln, mich aus dem engeren Beratungsausschuß herauszudrängen [...]. Ich bin sehr besorgt, daß vor allem Lammers und Keitel die radikalen Entschlüsse zu verwässern versuchen werden.«[66] Durch Einschaltung Bormanns glaubte er immerhin erreicht zu haben, »daß meine eigene Arbeit im Dreierausschuß genau präzisiert und mit dem größten Einfluß ausgestattet wird. Es besteht also nicht die Gefahr, daß ich hier in einem unbewachten Augenblick überspielt werden kann.«[67]

Am 20. Januar 1943 nahm Goebbels an einer ersten Sitzung des »Vierer-Ausschusses« teil, wie Goebbels das Gremium selbstbewusst nannte; außer ihm waren noch einige Sachverständige sowie Sauckel und Funk hinzugezogen worden.

Goebbels kam in Gesprächen mit Lammers und Bormann zu der Auffassung, seine Stellung im Ausschuss sei jetzt endgültig geklärt: »Ich werde als das treibende Moment in der ganzen Arbeit angesehen und anerkannt, und im übrigen gehen auch alle Vorschläge, die ich für neue Verordnungen und die Umarbeitung der alten Verordnungen mache, mühelos durch.«[68] Insbesondere sei es ihm gelungen, bei der vorgesehenen »allgemeinen Arbeitspflicht auch für Frauen [...] alle bürokratischen Hemmungen und Einwände zu überwinden und einen radikalen Entschluß herbeizuführen«, was sich im Nachhinein als etwas voreilige Schlussfolgerung herausstellte.

Solche einschneidenden Maßnahmen im zivilen Sektor erschienen Goebbels angesichts der zunehmenden Besorgnisse in der Bevölkerung über die militärische Lage des Reiches besonders dringlich. In der ersten Januarhälfte hatte er die »Stimmung« – entgegen seinen eigenen Auslassungen hielt er immer noch an dem

Begriff fest – noch relativ positiv eingeschätzt,[69] einige Tage später sah er »Haltung und Stimmung« immerhin noch als »ruhig und gesichert«,[70] doch Mitte des Monats begann sich die Lage dramatisch zu ändern.[71]

Die Sorgen konzentrierten sich nun auf die Lage an der Ostfront, namentlich auf das Schicksal der 6. Armee: Am 16. Januar sah man sich gezwungen, deren Einschließung in Stalingrad – die tatsächlich schon fast acht Wochen zuvor erfolgt war – im offiziellen Tagesbericht des Oberkommandos der Wehrmacht[72] einzuräumen, doch die Tatsache, dass die Propaganda in den Tagen danach verdächtig wenig über das Schicksal der Eingeschlossenen mitteilte, musste zu einer erheblichen Beunruhigung führen.[73] Goebbels' Tagebücher zeigen auch, dass er in diesem Zeitraum aufgrund der ihm vorliegenden Berichte zur militärischen Lage zu einer zunehmend pessimistischen Einschätzung der Situation in Stalingrad kam, die schließlich, so seine Eintragung vom 21. Januar, »katastrophische Formen« annahm.[74]

Angesichts dessen ging es Goebbels bei seiner Kampagne für den »totalen Krieg« nicht nur um die effektive Steigerung der Kriegsanstrengungen, um mehr Männer für die Wehrmacht und eine Erhöhung der Rüstungsproduktion. Vielmehr versprach er sich von einer Umstellung des öffentlichen Lebens auf harte Kriegsbedingungen eine gewisse psychologische Entlastung, Ablenkung von der Krise und eine Art von Beschäftigungstherapie. Gleichzeitig sollte aber auch der Handlungsspielraum des Regimes erweitert werden: Die Mobilisierung für den »totalen Krieg« sollte die Autorität von Partei und Staat stärken und ihre Kontrolle über die Bevölkerung erhöhen. Modell stand die Wollsachensammlung des Vorjahres, mit der man versucht hatte, die verzweifelte Stimmung während der Krise des Winters 1941/42 durch eine das ganze Volk umfassende, »Heimat« und »Front« verbindende Kampagne aufzufangen.[75] Eine ganz und gar mit der harten Realität des Krieges beschäftigte Bevölkerung sollte eine gefestigte moralische »Haltung« zeigen, die Stimmungsschwankungen in den Hintergrund treten ließe. »Der Ruf nach der totalen Kriegführung verstärkt sich von Woche zu Woche«, suggerierte Goebbels in seinem Tagebuch.[76]

Die absehbare Katastrophe der 6. Armee in Stalingrad ließ rasches Handeln dringend geboten erscheinen. »Wir müssen uns nun allmählich mit dem Gedanken vertraut machen«, so Goebbels am 21. Januar, »das deutsche Volk über die dortige Situation zu unterrichten.« Eigentlich hätte dies schon längst geschehen können, aber bisher sei Hitler immer dagegen gewesen. Länger könne man nun aber nicht mehr warten. »Für uns muß Stalingrad das werden, was für den spanischen Freiheitskampf der Alkazar gewesen ist: ein Heldenlied deutschen Soldatentums, wie es ergreifender und tragischer überhaupt nicht erdacht werden kann.«

Hitlers Auftrag

Am Abend des 21. Januar reiste Goebbels zur entscheidenden Unterredung mit Hitler in dessen ostpreußisches Hauptquartier, wo er am kommenden Tag angesichts der allgemeinen Situation eine »etwas gedrückte und außerordentlich ernste Stimmung« verspürte.[77] In dieser Atmosphäre sollte es ihm nun (zumindest nach eigener Einschätzung) gelingen, sein umfangreiches Programm für den »totalen Krieg« bei dem in einer depressiv-sentimentalen Stimmung befindlichen Diktator durchzusetzen.

Goebbels' sehr ausführlicher Bericht über diesen Besuch zeigt auch, wie sehr er darum bemüht war, wichtige Mitarbeiter Hitlers in der Abgeschlossenheit des Hauptquartiers nachhaltig von seinen Ideen zu überzeugen. So kam er vor seinem Zusammentreffen mit Hitler in verschiedenen Einzelunterredungen zu der Schlussfolgerung, dass »meine Vorarbeit auf dem Gebiet der Totalisierung des Krieges bereits tiefste Wurzeln geschlagen hat«: Rudolf Schmundt, Hitlers Wehrmachtsadjutant, bestärkte ihn in seiner Absicht, gegenüber Hitler »rücksichtslos alles das zu sagen, was ich auf dem Herzen habe, und verspricht mir, dafür zu sorgen, daß die gesamte Wehrmacht mir den Rücken stärkt, wenn es hart auf hart geht«. Auch Hitlers Adjutant Albert Bormann (der Bruder des Reichsleiters) sowie Karl Brandt, der Begleitarzt Hitlers, bestärkten ihn in dieser Auffassung.

Nach dieser ersten Gesprächsrunde traf er schließlich Hitler, der ihn bat, ihn auf einem Morgenspaziergang durch die Anlagen des Hauptquartiers zu begleiten. »Der Führer schildert mir die Lage in Stalingrad, die geradezu verzweifelt ist. Es sind dort immerhin noch an die 200 000 Mann eingeschlossen, und es besteht kaum noch die geringste Hoffnung, daß wir sie entsetzen können.« Die Katastrophe, so Hitler weiter, sei in erster Linie »durch das vollkommene Versagen unserer Bundesgenossen« verursacht. Goebbels hörte zunächst geduldig zu, nutzte aber dann den Spaziergang, um seine Gedanken über die Totalisierung des Krieges vorzutragen. Mit Erfolg: »Ich sehe schon beim ersten Anlauf, daß ich beim Führer das leichteste Spiel haben werde.«

Doch erst einmal begab sich Hitler zu seiner täglichen Lagebesprechung, während Goebbels mit Reichspressechef Dietrich die »augenblickliche Presselage« durchsprach, wobei auch hier seine Grundidee, eine härtere Linie durchzusetzen, ganz im Vordergrund stand: »Die Presse muß einen ganz anderen Ton anschlagen als bisher. Wir können nicht mehr in so bürgerlich sanfter Weise mit dem Volke umgehen; wir müssen jetzt, statt den Mund zu spitzen, anfangen zu pfeifen.«

Dietrich verstand und formulierte sogleich eine »Tagesparole«, in der die Presse in bevorstehende neue Aufgaben eingewiesen wurde. Das »große und ergreifende Heldenopfer«, so hieß es hier,

»das die bei Stalingrad eingeschlossenen deutschen Truppen der deutschen Nation darbringen, wird im Zusammenhang mit der unmittelbar bevorstehenden Arbeitspflicht für Frauen und anderen durchgreifenden Organisationsmaßnahmen für die totale Kriegführung die moralische Antriebskraft zu einer wahrhaft heroischen Haltung des ganzen deutschen Volkes und zum Ausgangspunkt eines neuen Abschnittes deutschen Siegeswillens und der Erhebungen aller Kräfte werden.«[78]

Später an diesem Tag traf Goebbels General Zeitzler, den neuen Generalstabschef des Heeres. Nach dessen Meinung könne, wenn überhaupt, wohl nur er, Goebbels, dem Krieg noch eine entscheidende Wendung geben – »ich wäre der einzige, der dem Führer das alles in Ruhe und Sachlichkeit vortragen könnte, zu dem er das größte Vertrauen habe, an dessen Integrität in nationalsozialistischer Beziehung er keinen Zweifel hege«. Auch Karl Wolff, Himmlers Verbindungsmann bei Hitler, versicherte ihn der vollen Unterstützung des Reichsführers.

Schließlich traf Goebbels Hitler zum Mittagessen erneut unter vier Augen. Der Diktator begann wieder mit einem Lamento: Die Bundesgenossen seien unzuverlässig und hätten versagt, die Luftwaffenführung ihre Versprechungen in keiner Weise eingehalten. Man war mitten in der Unterredung, als – wie von Goebbels bestellt – ein Telefonanruf Zeitzlers hereinkam, der Hitler über einen schwerwiegenden Einbruch der Roten Armee in die deutschen Stellungen in Stalingrad informierte. Die erwünschte Wirkung auf den Diktator stellte sich sogleich ein: »Der Führer ist durch diese Nachrichten auf das tiefste erschüttert.« Unter dem Eindruck der Meldung begann Hitler, sich offenbar mit dem Gedanken vertraut zu machen, dass er sich nun von seiner Hoffnung verabschieden müsse, doch zumindest noch »eine gewisse Kampfgruppe in Stalingrad zu halten« und gegebenenfalls später zu entsetzen.

Goebbels nutzte die Situation, um Hitler sein »Reorganisationsprogramm der Heimat« vorzutragen: die Einführung der Frauenarbeitspflicht, die »Auflösung aller nicht kriegswichtigen oder kriegsnotwendigen Institute und Unternehmungen« und die »restlose Einstellung der ganzen Heimatorganisation des zivilen Lebens auf die Bedingnisse des Krieges« selbst.

Der Erfolg war durchschlagend: »Der Führer genehmigt von vornherein alles das, was ich ihm vortrage. Ich finde keinerlei Schwierigkeiten bei ihm; im Gegenteil, er geht in manchen Punkten noch weiter, als ich vorgeschlagen habe.« Allerdings gestattete der Diktator Goebbels auch weiterhin nicht, Mitglied des Dreierausschusses zu werden; offensichtlich befürchtete er, dass durch die Mitarbeit zu vieler führender Politiker doch eine Art Kriegskabinett, ein wirkliches Machtzentrum, entstehen könnte, und wenn Hitler eines zu verhindern wusste, dann war es die Entstehung von Gremien, die seine Macht hätten beschränken können. Goebbels bekam als Begründung zu hören, er solle nicht in das Gremium eintreten, »um nicht mit den Verwaltungsarbeiten dieses großen Programms belastet zu werden«. Stattdessen solle er »in dieser ganzen Arbeit die Stelle eines ewig laufenden Motors übernehmen« und die Arbeiten des Gremiums laufend maßgeblich begleiten, wofür ihm Hitler alle nur denkbaren Zusicherungen gab. Allerdings musste Goebbels konzedieren, dass Hitlers Erlass vom 13. Januar in einem nicht unwesentlichen Punkt wieder abgeschwächt wurde, indem man nämlich das Höchstalter für die Dienstverpflichtung von Frauen von 50 Jahren auf 45 Jahre herabsetzte.[79]

Schließlich trafen sich Diktator und Propagandaminister um zehn Uhr abends zu einer letzten Gesprächsrunde, die bis um halb vier am Morgen dauerte. Hitler stimmte weiteren Vorschlägen Goebbels' zum »totalen Krieg« zu, sodass dieser sich schließlich am Ziel seiner Wünsche sah: »Es wird sozusagen durch die benannten vier Männer eine innere Diktatur aufgerichtet, bei der ich der psychologische Diktator und der motorische Antrieb der ganzen Aktion sein soll.« Fast im gleichen Atemzug kam man auch auf die »Judenfrage in Berlin« zu sprechen, die man »schnellstmöglich« lösen müsse: »Solange sich in Berlin noch Juden befinden, können wir von einer inneren Sicherheit nicht sprechen. Auch aus Wien müssen die Juden so schnell wie möglich heraus.«

Die Unterhaltung verlagerte sich sodann auf andere Themen, man erörterte diverse Personalien und landete schließlich bei Betrachtungen über Kunst und Philosophie. Es folgten noch einige Stunden, die man gemeinsam mit Speer am Kamin in Hitlers Arbeitszimmer verbrachte, angesichts der schlechten Nachrichten aus Stalingrad in »wehmütiger« Stimmung.

Tief in der Nacht verließ Goebbels das Hauptquartier: »Alles das, was ich erreichen wollte, habe ich erreicht, und mehr noch dazu. Ich glaube, daß die an diesem entscheidenden Freitag gefaßten Entschlüsse dem Krieg unter Umständen eine entscheidende Wendung geben werden.« Seine Aufzeichnungen über die Gespräche, die er am nächsten Tag anfertigte, hatten einen Umfang von 90 Seiten.[80]

Erste Widerstände

Über das Gespräch mit Hitler unterrichtete er zunächst telefonisch Bormann. Mit ihm schloss er einen »Zweierbund, der sich nun zum Vorsatz nimmt, auf die radikalste Weise an die Arbeit heranzugehen, niemanden und nichts zu schonen und nur die eine Aufgabe zu erfüllen, der Front die nötigen Menschen zur Verfügung zu stellen«.[81] In der Morgenkonferenz des Ministeriums stellte Goebbels klar, »daß die Radikalisierung unserer ganzen Kriegführung vom Propagandaministerium und meinem Mitarbeiterstab insbesondere eingeleitet und repräsentiert wird. So wie ich mit meinem Mitarbeiterstab in der zweiten Hälfte des Jahres 1932 den

Kern der Revolutionspropaganda stellte, so soll es auch jetzt in der Krise dieses Krieges sein.«[82]

Indessen machten sich rasch von verschiedener Seite starke Widerstände gegen die »Totalisierung unserer inneren Kriegführung« bemerkbar; sie betrafen insbesondere die Geschäftsschließungen und die Frauenarbeitspflicht.[83] So musste Goebbels zur Kenntnis nehmen, dass Göring sich bei ihm nachdrücklich für die Aufrechterhaltung von Luxusrestaurants und exklusiven Geschäften in Berlin einsetzte.[84] Lammers hatte er wiederum im Verdacht, die Dienstpflicht für Frauen aufzuweichen, indem dieser Ausnahmeregelungen für Mütter durchsetzte, auch wenn die Kinderbetreuung gesichert war. Goebbels begann daraufhin, in Lammers das Zentrum des Widerstands gegen seine radikalere Stoßrichtung zu sehen: »Er betrachtet die ganze Angelegenheit mehr von der bürgerlich-gemütlichen Seite. Jetzt ist es aber nicht damit getan, gemütlich das eine oder das andere in Angriff zu nehmen oder auf der Stelle zu treten, sondern jetzt muß etwas Grundlegendes unternommen werden.«[85]

Ende Januar nahm Goebbels an einer weiteren Sitzung des »Vierer-Ausschusses« teil, die nach seinem Urteil »außerordentlich erregt« verlief. Während er zusammen mit Speer einen »ziemlich radikalen Vorschlag« Funks für Betriebsstilllegungen befürwortete, hielt Lammers, unterstützt von Bormann und Sauckel, dagegen. Lammers, so Goebbels, sei »nicht zuverlässig«: »Wo er kann, torpediert er radikale Entschlüsse.« Als Lammers und Bormann ausdrücklich auf eine »Führerentscheidung« verweisen konnten, bei den Stilllegungen keine unnötige Arbeitslosigkeit zu erzeugen, gab sich Goebbels davon überzeugt, diese bei einem persönlichen Vortrag wieder kippen zu können. Wenn Goebbels in seinem Tagebuch den Eindruck erweckte, es seien bei der Sitzung Maßnahmen getroffen worden, um 300 000 Menschen der Rüstungsindustrie zuzuführen, dann schätzte er die Situation – wie die mageren Ergebnisse der Aktion zeigen sollten – offenkundig falsch ein. Er wollte sich einfach nicht eingestehen, dass Hitler nicht nur bei der Frauendienstpflicht davor zurückscheute, radikale, aber womöglich unpopuläre Maßnahmen mit seiner Autorität zu unterstützen.[86]

Am Tag vor der Sitzung hatte Goebbels einen weiteren Leitartikel zum Thema »totaler Krieg« verfasst, der am 7. Februar im *Reich* erscheinen sollte. »Ich habe die Absicht, wenn ich auf größere Schwierigkeiten im Viererausschuß stoße, mehr in die Öffentlichkeit zu flüchten«, erläuterte er im Tagebuch seine Taktik. »Die öffentliche Meinung ist immer ein guter Bundesgenosse.«[87] In dem Artikel mit der Überschrift »Die harte Lehre« bereitete er seine Leser auf einen härteren innenpolitischen Kurs vor: »Viele von uns bringen dieser inneren Umstellung nicht das nötige Verständnis entgegen, weil sie noch in Begriffen und Kategorien denken, die vorbei und überwunden sind. Sie können sich ein kriegsgemäßes Leben gar nicht vorstellen. Sie halten Dinge der Zivilisation für unverzichtbar, die man vor zwanzig, ganz zu schweigen vor hundert Jahren überhaupt nicht kannte. Sie würden sehr schnell gezwungen werden, nicht nur diese, sondern auch noch einige dazu aufzugeben, wenn wir nicht die Kraft besäßen, den Krieg zu einem siegreichen Ende zu bringen.«[88]

Die Generalprobe: Goebbels' Sportpalastrede vom 30. Januar 1943

Bei den Vorbereitungen zur Feier des zehnten Jahrestages der Machtergreifung am 30. Januar 1933 hatte Goebbels Hitler davon überzeugen können, das ursprünglich vorgesehene umfangreiche Programm erheblich zu kürzen.[89] Da Hitler kurz vor der bevorstehenden Niederlage von Stalingrad öffentliche Auftritte weiterhin vermied, war es nun an Goebbels, im Berliner Sportpalast eine Proklamation des Diktators zu verlesen und aus diesem Anlass eine eigene richtungsweisende Rede zu halten.[90]

Während der Vorbereitung zu dieser Rede sah sich Goebbels neben der sich abzeichnenden Stalingrad-Katastrophe mit einer weiteren Herausforderung konfrontiert. Am 26. Januar berichtete der *Völkische Beobachter* (wie andere Presseorgane auch[91]): »Zuverlässigen Nachrichten [...] zufolge« habe sich Churchill vor einigen Tagen nach Washington begeben.[92] Tatsächlich aber war die Konferenz von Roosevelt und Churchill (Stalin hatte wegen der militärischen Lage abgesagt) bereits zwei Tage zuvor im marokkanischen Casablanca zu Ende gegangen. Auch Goebbels, das zeigt sein Tagebuch, ging zu dem Zeitpunkt noch von einer Konferenz in Washington aus.[93]

Ebenfalls am 26. Januar veröffentlichten Briten und Amerikaner ein sehr allgemein gehaltenes Kommuniqué über das Treffen, das zwei Tage später im *Völkischen Beobachter* unter dem Titel »Der Film von Casablanca« (der Bogart-Film lief gerade in den USA an) abwertend kommentiert wurde (»blasses Kommuniqué und ein wenig Theater für die Kameraleute«)[94]; die übrige Presse bezog ebenfalls eine ostentativ desinteressierte Haltung. Aus der Berichterstattung des *Völkischen Beobachters* (und anderer Blätter) war gleichwohl herauszulesen, dass es den Alliierten gelungen war, die deutsche Seite vollkommen über den Konferenzort zu täuschen; Goebbels hielt hierzu resignierend in seinem Tagebuch fest, der eigene Nachrichtendienst habe »wieder einmal vollkommen versagt«.[95] Hatte man dort etwa Hinweise auf den Konferenzort wörtlich als »Weißes Haus« übersetzt und daraus die falschen Schlussfolgerungen gezogen? Schon diese offenkundige Peinlichkeit war ein guter Grund, die Konferenz in den deutschen Medien nur marginal zu behandeln.

Darüber hinaus bestand das Hauptproblem für die deutsche Propaganda darin, dass sie nicht den geringsten Einblick in die zehntägigen Beratungen zwischen den USA und Großbritannien über die künftige gemeinsame Kriegsstrategie besaß. Goebbels gab daher die Propagandarichtlinie aus, als Grund der Konferenz schwerwiegende Differenzen zwischen den Alliierten und ihre Schwierigkeiten bei der Abwehr der deutschen U-Boote zu benennen.[96]

Die in Casablanca namentlich von Roosevelt erhobene und im gemeinsamen Kommuniqué enthaltene Forderung nach bedingungsloser Kapitulation Deutschlands, Japans und Italiens überging der *Völkische Beobachter* genauso wie andere führende Blätter,[97] obwohl Goebbels auf seiner Ministerkonferenz geäußert hatte, man müsse das deutsche Volk hierüber unterrichten.[98] Lediglich in seinem Tagebuch kommentierte Goebbels die Kapitulationsforderung als illusorisch.[99] Ganz offensichtlich hielt er es zwar taktisch für unklug, öffentlich auf dieses Thema näher einzugehen und so den westlichen Alliierten zu ermöglichen, auf einem weiteren Themengebiet die Initiative zu übernehmen und die deutsche Seite unter Druck zu setzen. Da er aber davon ausgehen musste, dass die Kapitulationsforderung durch ausländische Rundfunksendungen auch innerhalb der deutschen Bevölkerung bekannt werden würde, ging er in seiner Rede zum 30. Januar in einem Satz auf dieses Thema ein (ohne sich näher mit Casablanca zu beschäftigen). »Für uns war es seit jeher feststehender und unumstößlicher Grundsatz«, rief er hier aus, »daß das Wort Kapitulation in unserem Sprachschatz nicht existiert.«[100]

Goebbels dürfte rasch bemerkt haben, dass er durch diesen tautologischen Umgang mit dem gefährlichen K-Wort leicht in die Defensive geraten konnte, weshalb er dieses Thema von da an ganz von seiner Agenda strich. Eine öffentliche Auseinandersetzung mit den Alliierten über mögliche Formen des Kriegsendes passten einfach nicht in die von ihm betriebene Kampagne zur heroischen Mobilisierung der letzten Reserven; bei seiner zweiten Sportpalastrede am 18. Februar sollten Casablanca und Kapitulationsforderung keine

Rolle mehr spielen. Stattdessen konzentrierte er sich bereits am 30. Januar auf das große Thema, das er seit Monaten vorbereitet hatte.

Goebbels nutzte nun die Gelegenheit, Hitlers Proklamation am 30. Januar mit einer eigenen Rede einleiten zu können, zugunsten seiner eigenen Agenda. In seiner knapp 45-minütigen Ansprache setzte er bereits wesentliche Themen der Rede vom 18. Februar und testete deren Resonanz bei Publikum und oberster Führung.

Zunächst beschwor Goebbels die besondere Aura, die der Sportpalast für die Berliner Nationalsozialisten als »Kampfstätte der Bewegung« besaß (wir werden auf diese Beziehungsgeschichte noch näher eingehen). Gemeinsam habe man hier in den vergangenen Jahren »alle Höhen und alle Tiefen der deutschen politischen und im Kriege auch militärischen Entwicklung« durchlebt, aber hier seien auch »vor dem ganzen Volk die entscheidenden Entschlüsse« zur Lösung der Gefahren proklamiert worden. »Von diesem Podium aus gingen und gehen die zündenden politischen Parolen ins Volk hinein, die die Nation zu einem fanatischen Kampfeswillen zusammenschlossen und zusammenschließen.«

Nachdem er diesen Bogen zur aktuellen Situation gespannt hatte, machte er seinem Publikum den Ernst der Lage unmissverständlich klar: »Der Kampf um unser Leben naht sich seinem dramatischen Höhepunkt.« Es handele sich um »eine gigantische Auseinandersetzung um das zukünftige Schicksal Europas, ja des gesamten zivilisierten Abendlandes«, wobei er den aus seiner Sicht eigentlichen Gegenspieler hinter dem unnatürlichen feindlichen Bündnis aus »Bolschewismus und Plutokratie« besonders brandmarkte: »Das internationale Judentum, das wie so oft wieder einmal glaubt, über uns triumphieren zu können, hat seine Rechnung ohne uns gemacht.« Die jüngsten militärischen Rückschläge in diesem historischen Ringen seien aber – und damit leitete Goebbels zu seinem eigentlichen Appell über – »für uns nur ein Alarmsignal zum totalen Krieg, zu dem wir nunmehr fest entschlossen sind«.

Er wolle nur eine »feststehende Tatsache konstatieren«, die da laute: »Es herrscht in Deutschland der Zustand einer totalen Bereitschaft unseres Volkes zur Konzentration seiner Kräfte.« Und er rief aus: »Aus den Breiten und Tiefen unserer Nation dringt der Schrei nach totalster Kriegsanstrengung im weitesten Sinne des Wortes an unsere Ohren.« Diese zentrale Botschaft seiner Rede, wonach es das Volk selbst sei, das den »totalen«, ja, den »totalsten« Krieg einfordere, wiederholte er nur wenige Minuten später in einer fast wortgleichen Formulierung.

Besonders heftig reagierte das Publikum auf seine antisemitischen Ausfälle, aber vor allem auch auf die Passagen seiner Rede, in der er die Aufgabe »aller bequemen bürgerlichen Gepflogenheiten« einforderte und damit deutlich an Ressentiments gegen die »Bessergestellten« appellierte: »Ob hochgestellt oder niedrig [starker Beifall], ob arm oder reich [erneuter starker Beifall], im Lebenskampf des deutschen Volkes ist keiner zu schade, seine ganze Kraft und alles, was ihm gehört, dem Vaterlande zur Verfügung zu stellen.«

Goebbels hielt die Wirkung dieser Rede hinterher für »enorm«, die »Wogen des Beifalls« und die »stürmischen Zwischenrufe« empfand er geradezu als Plebiszit für seine »Totalisierungsbestrebungen«: »Ich bin also dem Volke in meinen Ansichten nicht nur nicht zu radikal, sondern noch gar nicht radikal genug. Man kann jetzt gar nicht stark genug auf die Tube drücken.«[101]

Für besonders erwähnenswert hielt er die Reaktion einer Reihe von hohen NS-Funktionären im Saal, darunter der Führer der Deutschen Arbeitsfront, Robert Ley sowie Reichsarbeitsführer Konstantin Hierl und der Reichsführer-SS Heinrich Himmler, die schon »nach fünf Minuten ganz mit dem Publikum verschmolzen«. Der Schlussteil der Veranstaltung erinnerte ihn »an die besten Zeiten aus der Kampfzeit«. Die Spannung im Saal sei so stark gewesen, dass ein während der Veranstaltung eintretender Fliegeralarm vom Publikum komplett ignoriert worden sei. Noch in der Nacht erhielt er einen Telefonanruf von Hitler, der sich die Rede im Radio angehört hatte und sich nun »ganz begeistert« äußerte.[102]

Den ihm kurz darauf vorliegenden Stimmungsberichten konnte Goebbels entnehmen, dass die negative Stimmung durch die Veranstaltung in einem erheblichen Umfang wieder »abgefangen worden« sei, auch wenn sich viele mehr Details über die bevorstehenden Kriegsmaßnahmen gewünscht hätten.[103] Goebbels kam es in erster Linie auf eines an: »Vor allem der rasende Beifall, der meiner Ankündigung radikaler und totaler Kriegsmaßnahmen folgte, hat in weitesten Kreisen größtes Aufsehen erregt.«[104] Das Volk, so entnahm er dem Berichtsmaterial, wolle »den totalen Krieg [...], so schnell wie möglich, daß ihm die bisherigen Maßnahmen zu schlapp erscheinen, daß zum Teil sogar das Vertrauen zur Führung, wenn nicht gar zum Führer selbst, angeknackt ist, weil aus den bisherigen Rückschlägen nicht die Konsequenzen gezogen worden sind, die eigentlich hätten gezogen werden müssen«.[105] Der Test war also aus seiner Sicht bestanden, und in vielerlei Hinsicht sollte Goebbels Erfahrungen aus dieser Veranstaltung in seine Rede vom 18. Februar am selben Ort einfließen lassen.

Der Versuch, für die übliche und vom Publikum erwartete persönliche Ansprache Hitlers zum 30. Januar eine Ersatzlösung – in Form der von Goebbels verlesenen Proklamation und seiner eigenen Rede – anzubieten, zeigte aber auch deutlich die Schwierigkeiten auf, die die Propaganda angesichts des Schweigens Hitlers in der schwersten Krise des NS-Staates seit 1933 zu gewärtigen hatte. Das Regime war eigentlich darauf angewiesen, in regelmäßiger Folge die öffentliche Zustimmung zur Politik des Führers in Großveranstaltungen zu dokumentieren; fanden diese nicht statt, drohte das System, seinen Angelpunkt zu verlieren und leerzulaufen, die Führungskrise war absehbar. Aus der Sicht des Propagandisten Goebbels bedurfte es also außerordentlicher Anstrengungen, um die Idee des Führerstaats auch ohne sichtbaren Führer aufrechtzuerhalten.

Die Katastrophe von Stalingrad

Ende Januar 1943 ging die Propaganda daran, die Bevölkerung auf eine vernichtende Niederlage der 6. Armee vorzubereiten: Der pathetische Ton, in dem die täglichen Schlagzeilen des *Völkischen Beobachters* gehalten waren – »Heldenhafter Widerstand« (24. Januar), »Unsterbliche Ehre« (25. Januar), »Unvergänglicher Ruhm« (29. Januar) –, wiesen deutlich auf das nahe Ende hin. Der südliche Teil des in mittlerweile zwei Hälften gespaltenen Kessels kapitulierte schließlich am 31. Januar, zwei Tage später erlosch der Widerstand im Nordteil.[106]

Die Tatsache, dass der Oberbefehlshaber der 6. Armee, der noch am 31. Januar zum Generalfeldmarschall beförderte Friedrich Paulus, sich nebst einer Reihe anderer Generale gefangen nehmen ließ, empfand Goebbels als »alles andere als beglückend«. Wie Hitler war er davon ausgegangen, Paulus bliebe aufgrund der Niederlage nur ein »ehrlicher Soldatentod übrig«. Angesichts der »außerordentlich schweren Opfer« an Mannschaften und Offizieren stellte der überlebende General doch einen »kaum wieder gutzumachenden Prestigeverlust dar«.[107] So musste sich Goebbels nun mit der sowjetischen Propaganda auseinandersetzen, die sich alle Mühe gab, »den deutschen Soldaten und auch dem deutschen Volke klarzumachen, daß die Generalität sich in Gefangenschaft begeben habe, während die Soldaten sterben mußten«.[108]

Goebbels war jedenfalls gezwungen, sich mit der Gestaltung der Sondermeldung über den akut werdenden Fall von Stalingrad zu befassen. Er entschied sich für einen Ton, der »sehr realistisch, sehr nüchtern und ganz unpathetisch gehalten« sein sollte; gegenüber Hitler konnte er durchsetzen, drei Gedenktage statt der ursprünglich geplanten sieben durchzuführen.[109] Am 3. Februar, nachmittags um vier, gab der Rundfunk schließlich im Rahmen eines »entsprechenden heroischen Zeremoniells« (Goebbels) den Verlust von Stadt und 6. Armee bekannt. Die Meldung löste, laut Goebbels, »im deutschen Volke eine Art von Schockwirkung aus«.[110]

Die Richtung für die nun folgende Propagandakampagne gab Goebbels in einem Leitartikel vor, den er noch am gleichen Tag verfasste und der zehn Tage später unter dem Titel »Unser Wille und unser Weg« im *Reich* erschien. Die allgemein sich in der Bevölkerung ausbreitende Erschütterung und Depression sollte durch die seit Wochen vorbereiteten Maßnahmen zum »totalen Krieg« aufgefangen werden: »Es kann gar nicht mehr davon gesprochen werden, daß unser Volk geschont werden wolle. Es weiß die harte Wahrheit und fordert nun stürmisch, daß daraus auch die ebenso harten Konsequenzen gezogen werden. Die bisher getroffenen Maßnahmen sind ihm nicht zu streng, sondern vielleicht nicht streng genug [...]. Mit einem Wort: der totale Krieg auf allen Gebieten ist das Gebot der Stunde.«[111]

Nach dem Desaster: Reaktion der politischen Führung

Unmittelbar nach dem Fall Stalingrads, am 5. und 6. Februar, nahm Goebbels an einer Tagung der Gau- und Reichsleiter in Posen teil. Sein dort gehaltenes Referat über »die Fragen der totalen Kriegführung« fand nach seinen eigenen Eindrücken »uneingeschränkte Zustimmung und ungeteilten Beifall [...]. Ich habe den Eindruck, als wenn ich bei den Gauleitern mit meinen Ausführungen nur offene Türen einrenne.«[112] Heftigen Anstoß nahm er allerdings am Referat Sauckels, der als verantwortlicher Beauftragter für den Arbeitseinsatz deutlich gemacht hatte, dass die Priorität bei der Mobilisierung von Arbeitskräften nicht bei dem Einsatz von Frauen liege, sondern bei der weiteren Zwangsrekrutierung von Ausländern.[113] Goebbels sah sich veranlasst, sich nach Sauckel noch einmal zu Wort zu melden, »um das, was er ausgelassen hat, nachzuholen«.[114] Entgegen dem Eindruck, den Goebbels in seinen Tagebüchern zu vermitteln suchte (Sauckel habe nur »ganz dünnen Beifall« erhalten), ist es durchaus wahrscheinlich, dass Sauckel mit seiner Haltung, beim Frauen-Arbeitseinsatz behutsam vorzugehen, die Gauleiter eher hinter sich hatte als Goebbels mit seiner radikalen Rhetorik.

Nach ihrem Posener Treffen versammelten sich die Gau- und Reichsleiter am 7. Februar im Führerhauptquartier bei Rastenburg, wo Hitler sich bemühte, ihnen in einem fast zweistündigen Referat die gegenwärtige Lage zu erläutern.[115] Wie Goebbels später in seinem Tagebuch festhielt, begann Hitler, indem er die gemeinsamen Erfahrungen der »Kampfzeit« beschwor und die Auffassung vertrat, es müssten jetzt »die Mittel und Methoden, mit denen wir früher Parteikrisen überwunden hätten«, zur Anwendung kommen, um die gegenwärtige Krise zu überwinden. Die Schuld an der Katastrophe im Osten legte er in erster Linie den Verbündeten – den Rumänen, den Italienern und den Ungarn – zur Last. Allerdings, so räumte er auch ein, habe man sich über das »Menschenvolumen im Osten keine klare Vorstellung gemacht«.

Laut Hitler sei das Übel »darin zu sehen, daß die Bolschewisten ihre Volkskraft bei weitem mehr angespannt hätten als wir«. Diese Äußerung war nun Wasser auf Goebbels' Mühlen: »Der Führer bestätigt also damit meine Theorie, daß wir, ich möchte fast sagen, mit der linken Hand geboxt haben. Wir haben unser ganzes Potential in keiner Weise ausgeschöpft, und daraus sind eigentlich die Schwierigkeiten an der Ostfront in diesem Umfang entstanden.«

Die Landung in Nordafrika tat Hitler als »sehr törichtes Vorgehen« ab, während die Lage an der Ostfront mittlerweile fast vollständig bereinigt sei. Goebbels hielt fest: »Im großen und ganzen vertritt der Führer den Standpunkt, daß die Krise, roh betrachtet, als überwunden angesehen werden könne.« Die Kriegsgegner verfügten allerdings über einen wichtigen Vorteil: »Das Judentum wirke in allen Feindstaaten als motorisch treibendes Element, dem wir etwas Gleichwertiges nicht gegenüberzustellen hätten. Daraus folgere für uns, daß wir das Judentum nicht nur aus dem Reichsgebiet, sondern aus ganz Europa eliminieren müssen. Auch hier macht sich der Führer meinen Standpunkt zu eigen, daß zuerst Berlin an die Reihe kommt und daß in absehbarer Zeit in Berlin kein Jude mehr sich aufhalten dürfe.«

Ergriffen notierte Goebbels Hitlers Ankündigung, dass ein etwaiger Zusammenbruch des Reiches »auch die Beendigung seines Lebens darstellen würde. [...] Würde das deutsche Volk aber einmal schwach werden, so verdiente es nichts anderes, als von einem stärkeren Volke ausgelöscht zu werden; dann könnte man mit ihm auch kein Mitleid haben.«

Auf einer weiteren Sitzung des Dreierausschusses am 10. Februar sprach Goebbels seinem Tagebuch zufolge eines der aus seiner Sicht zentralen Strukturprobleme des »Dritten Reiches« an: »das schwierige Problem der Kompetenzabgrenzungen zwischen den einzelnen Ministerien«. Es gebe »zu viele Vollmachten im Reich und infolgedessen arbeitet einer gegen den anderen, und einer sucht dem anderen die Kompetenzen abzujagen«. Es sei »schwer, den Führer hier zu klaren und harten Entschlüssen zu bewegen; aber trotzdem werden sie auf die Dauer nicht zu vermeiden sein«. Zumindest diejenigen Kompetenzen, die »nach Abgrenzung geradezu schreien«, müssten bereinigt werden.[116] Die Tatsache, dass Hitler sich so schwertat, klarere Kompetenzregelungen zu treffen, hatte ihre tieferen Ursachen jedoch in dem Umstand, dass Hitlers Machtstellung nicht zuletzt auf dem fein austarierten Konkurrenz- und Spannungsverhältnis zwischen den einzelnen Mitgliedern der Führung beruhte. Insofern zeigt dieser Vorstoß Goebbels' deutlich, dass es ihm um eine grundlegende Veränderung des gesamten Regierungssystems ging.

Eine »gewisse terroristische Stellungnahme«: Vorbereitungen für den 18. Februar 1943

Nur zwei Tage später gelangte Goebbels jedoch zu der Einsicht, dass seine Bemühungen, über den Dreierausschuss maßgeblichen Einfluss auf die Gesamtpolitik des Regimes zu nehmen, nicht sehr erfolgreich waren. Er sah sich genötigt, bei Bormann dagegen zu protestieren, dass der »sogenannte Dreierausschuß« Beschlüsse fasse, an denen er nicht beteiligt werde.[117] Außerdem wandte er sich mit derselben Beschwerde an die Reichskanzlei. Seine Intervention scheint jedoch keinen Erfolg gehabt zu haben, denn seine formelle Beteiligung an Maßnahmen des Dreierausschusses war in dem einschlägigen Führererlass nicht vorgesehen. Letztlich verzichtete er daher auf eine entsprechende Intervention bei Hitler.[118]

Umso mehr erschien es Goebbels notwendig, die »Öffentlichkeit« zur Durchsetzung seiner Forderungen einzuspannen. Schon am 9. Februar hatte er in sein Tagebuch notiert, dass die »nicht ganz ausreichenden gesetzlichen Grundlagen« für den »totalen Krieg« nur »durch eine gewisse terroristische Stellungnahme der Partei ersetzt werden können, die diejenigen erfassen wird, die sich bisher immer noch an der Teilnahme am Kriege auf irgendeine Weise vorbeizudrücken versuchen«.

Die Bestärkung für diese Absicht entnahm er nicht zuletzt der großen Zahl der Briefe, die bei ihm eingingen. Sie bewiesen seiner Meinung nach eindeutig, dass seine Vorstöße für eine Totalisierung des Krieges im Volk »den größten Beifall« fänden.[119] Auch durch den neuesten SD-Bericht sah er sich in seiner Auffassung bestätigt, denn je größer sich die Probleme auftürmten, umso »energischer fordern die breiten Massen die Aufnahme des totalen Krieges«; ja, man verlange »nun in sehr massiver Form von der Regierung die Einführung nicht des totalen, sondern des totalsten Krieges«. Man erkenne immer mehr ihn »als den spiritus rector dieser ganzen Bewegung« und bringe, wie er den Berichten der ihm unterstehenden

Propagandaämter meinte entnehmen zu können, »meiner Person und meinem Wirken ein außerordentlich großes Vertrauen entgegen«.[120]

Goebbels war mehr als bereit zu liefern. Am 13. Februar schrieb er in seinem Tagebuch, es müsse im Hinblick auf die »Totalisierungsmaßnahmen [...] weiter gehetzt und angetrieben werden«, und zu »diesem Behuf berufe ich für nächsten Freitag eine neue Massenkundgebung im Sportpalast ein, die ich wieder mit richtigen alten Parteigenossen bestücken lassen will«; darüber hinaus sollten möglichst viele Prominente eingeladen werden, um Zeugen einer Kundgebung zu werden, die »an Radikalismus alles bisher Dagewesene übertrumpft«; die Ehrengäste würden dann schon sehen, »wie eigentlich der Hase läuft«.

Er werde »diese Versammlung wieder über alle Sender übertragen lassen, um damit auch auf die öffentliche Meinung in den einzelnen Gauen einen Druck auszuüben, so daß also ein Gauleiter, wenn er sich gegen diese oder jene harte Maßnahme bisher noch gesperrt hat, sich vielleicht doch bequemen wird, das bisher Versäumte nachzuholen, weil er sonst allzu stark unter den Druck der öffentlichen Meinung gerät«. Und wieder bemühte Goebbels den bekannten Vergleich: »Wir müssen jetzt wieder die bewährten Kampfmittel aus der Zeit vor 1933 zur Anwendung bringen.« Er sei, so schrieb er zwei Tage später, »immer noch als Antriebsmotor da, und ich werde so lange die Peitsche gebrauchen, bis die faulen Schläfer wach geworden sind«.[121]

Am eigentlichen Tag der Kundgebung im Sportpalast wurde die Presse angewiesen, ihre »Stimmungsbilder« müssten »die Volkskundgebung ansprechen und dem kämpferischen Willen des ganzen deutschen Volkes Ausdruck geben«. Hervorzuheben seien besonders die »beiden Kardinalpunkte der Rede [...], einmal das antibolschewistische Thema und zum anderen das Thema des totalen Kriegseinsatzes«. Die »hervorragendste Herausstellung jedoch werden die 10 Fragen verdienen, die Dr. Goebbels an das deutsche Volk richten wird«.[122] Man solle »auf die Terminologie der Kampfzeit« zurückgreifen.[123]

Bezeichnenderweise war Goebbels an diesem 18. Februar sehr intensiv mit der »Judenfrage« beschäftigt. In seinem Tagebuch hielt er fest, die Juden in Berlin würden nun »endgültig abgeschoben«. Sie sollten Ende des Monats Februar zunächst einmal in Lagern zusammengefasst und dann »schubweise«, Tag für Tag bis zu 2000 Personen, »zur Abschiebung kommen«. Goebbels zeigte sich entschlossen, diese Aktion der SS mit allen Kräften zu unterstützen: »Ich habe mir zum Ziel gesetzt, bis Mitte, spätestens Ende März Berlin gänzlich judenfrei zu machen. Ich hoffe und glaube, daß wir damit auch wieder eine große Erleichterung in der psychologischen Lage erreichen werden.«[124]

Ebenfalls an diesem Tag, noch vor seiner Rede, verfasste er außerdem einen weiteren Artikel für das *Reich*, in dem er unter dem Titel »Die Krise Europas« auf den angeblich wahren Schuldigen an der gegenwärtigen Kriegskonstellation hinwies: »Durchleuchtet man jedoch den Hintergrund, dann entdeckt man sehr bald den spiritus rector der ganzen seelischen und geistigen Verwirrung, das Ferment der Dekomposition der Staaten und Völker, das internationale Judentum.«[125] Der Artikel erschien dann am 28. Februar, also unmittelbar nachdem die Verhaftungen in Berlin begonnen hatten.

Wenn Goebbels, wie wir sehen werden, in seiner Rede erneut eine Reihe von scharfen antisemitischen Statements unterbrachte und dafür sorgte, dass sein Publikum auf entsprechende Töne lautstark reagierte, so diente dies nicht zuletzt dazu, die Nationalsozialisten des Berliner Gaus auf die unmittelbar bevorstehenden Deportationen der Berliner Juden psychologisch einzustimmen. Die offene Propagierung einer in ihren Einzelheiten zwar nicht offengelegten, aber offensichtlich äußerst radikalen »Lösung« der »Judenfrage«

war demnach integraler Bestandteil des von Goebbels vertretenen Konzepts des »totalen Krieges«: Der Bevölkerung sollte klargemacht werden, dass man auf diese Weise bereits alle Brücken hinter sich abgebrochen hatte und somit die siegreiche Beendigung des Krieges die einzige Möglichkeit darstellte, sich der befürchteten blutigen Vergeltung zu entziehen.

Goebbels' Sportpalastrede vom 18. Februar stellte somit den Höhepunkt einer Kampagne dar, die der Propagandaminister bereits in den letzten Monaten des Jahres 1942 gedanklich vorbereitet und im Januar 1943 zunächst im Führungszirkel des Regimes aktiv entwickelt hatte. Seine Ansprache vom 30. Januar 1943 diente ihm als Testlauf. Die Rede vom 18. Februar bildete gewissermaßen den Schlussstein in seinen nachhaltigen Bemühungen, die Regimespitze innenpolitisch auf einen radikaleren Kriegskurs festzulegen und persönlich als Protagonist dieses neuen Kurses eine zentrale Rolle in der Kriegsführung an der »Heimatfront« zu übernehmen.

2

Goebbels' Rede zum »totalen Krieg« – Text und Kommentar

Die Rede wurde am 18. Februar zwischen 17 und 19 Uhr gehalten und um 20 Uhr vom Rundfunk ausgestrahlt. Es handelte sich also, was den Zuhörern nicht mitgeteilt wurde, um eine Aufzeichnung, und es ist nicht auszuschließen, dass die Tonaufnahme vor der Ausstrahlung verändert wurde, indem man etwa Beifallsstürme verlängerte oder die Lautstärke der Publikumsreaktionen im Saal erhöhte. Der hier abgedruckte und kommentierte Text basiert auf dieser Aufzeichnung – und nicht auf der in den Zeitungen bzw. in einer Broschüre veröffentlichten Druckfassung, die im Vergleich doch einige Änderungen aufweist, bis hin zum Einfügen oder Fortlassen von Halb- oder ganzen Sätzen. Dabei werden alle wesentlichen Reaktionen aus dem Publikum vermerkt. Ausschnitte aus der Rede wurden via Wochenschau verbreitet, eine vollständige Filmdokumentation scheint nicht zu existieren.

Der Ort der Veranstaltung, der an der Potsdamer Straße im Bezirk Schöneberg befindliche Sportpalast,[1] hatte in der Geschichte der Berliner NSDAP seit der ersten Massenversammlung im Jahre 1928 eine bedeutende Rolle gespielt und symbolisierte für sie und ihre Anhängerschaft als »alte Kampfstätte des Nationalsozialismus« (so der *Völkische Beobachter* in seinem Bericht über die Goebbels-Rede am 19. Februar) den atemberaubenden politischen Erfolg der Nationalsozialisten bei der Erringung einer Massenbasis.

Die faktische Alleinverfügung über die Nutzung des Gebäudes für politische Veranstaltungen besaß die NSDAP (sprich die Berliner Gauleitung, also Goebbels) allerdings erst seit 1933. Während der gesamten Zeit der Weimarer Republik hielten so gut wie alle größeren Parteien im Sportpalast Massenkundgebungen ab. Vor 1933, aber auch noch danach, wurde die 1910 eröffnete imposante und von störenden Pfeilern im Innenraum freie Mehrzweckhalle – über 110 Meter lang, 54 Meter breit und fast 20 Meter hoch[2] – ansonsten für Eissportveranstaltungen, Revuen, Radrennen, Boxkämpfe und anderes genutzt. Das verlieh dem Palast eine populäre Note, die dann von der NS-Propaganda mit der Erzählung von der »alten Kampfstätte« verwoben wurde. Für viele besaß der Ort somit eine ganz besondere Aura. Hier konnte man es – ob beim Sechstagerennen oder bei politischen Massenveranstaltungen – so richtig »krachen lassen«, ja, hier herrschte mitunter eine Atmosphäre, die Goebbels schon 1930 mit »einem Irrenhaus« verglich.[3]

Während die NSDAP im Sportpalast in den Jahren 1930 bis 1932 noch über sechzig Massenveranstaltungen abhielt und 1933 sowie 1934 jeweils über vierzig, reduzierte Goebbels in den folgenden Jahren das Programm auf wenige Highlights. Der Sportpalast wurde vor allem zur Bühne für seine eigenen Auftritte. Wenn Hitler in den Jahren bis 1939 hier eine Rede hielt, was jedoch eher selten vorkam, so war es jeweils Goebbels, der ihn wie einen Ehrengast empfing, üblicherweise mit einer eigenen einleitenden Rede. Eifersüchtig achtete Goebbels darauf, dass außer Göring, der aufgrund seiner herausragenden Machtposition ein gewisses Sonderrecht genoss, andere NS-Größen hier möglichst selten und wenn, dann meist mit ihm zusammen vor das Publikum traten. Auf diese Weise sorgte er dafür, dass der Sportpalast in erster Linie mit seiner Person in Verbindung gebracht wurde und gewissermaßen als Kultstätte des einst von ihm, Goebbels, angeführten »Kampfes um Berlin« in den letzten Jahren der Weimarer Republik fungierte.

Nach dem Beginn des Krieges trat Hitler hier turnusmäßig zweimal im Jahr auf, jeweils zur Feier des 30. Januars sowie im Herbst zur Eröffnung des Winterhilfswerks. In der Regel wurde er dabei, wie eben schon erwähnt, von Goebbels anmoderiert. Hinzu kamen vereinzelt Ansprachen Hitlers vor Offiziersanwärtern und Nachwuchsoffizieren sowie wenige Massenkundgebungen aus besonderem Anlass.

Die Zusammenstellung des diesen Veranstaltungen willig folgenden Publikums wurde im Laufe der Zeit für Goebbels zur Routine. Als Hitler hier auf dem Höhepunkt der Sudetenkrise am 26. September 1938 seine mit größter Spannung erwartete Rede hielt, hatte Goebbels nach eigenem Bekunden »die Versammlung bis in alle Einzelheiten vorbereitet. Das Publikum soll nur Volk darstellen.«[4] Auch Hitlers Auftrag von Mitte August 1941, im Sportpalast eine »richtige Volksversammlung ohne Prominente« vorzubereiten, erfüllte Goebbels gewissenhaft: »Ich werde schon dafür sorgen, daß er das richtige Publikum hat.«[5]

Zur Situation im Saal am 18. Februar 1943 ist zu sagen, dass die Vorderseite des wuchtigen Rednerpults mit einer Hakenkreuzfahne bedeckt war und an der Wand im Hintergrund zwei weitere große Hakenkreuzfahnen hingen. Ansonsten war der riesige Raum – dem Thema entsprechend – sparsam dekoriert, damit sich die Aufmerksamkeit des Publikums auf die hinter dem Redner an der Stirnseite auf einem Spruchband angebrachte Parole »Totaler Krieg – Kürzester Krieg« konzentrierte.

Die Veranstaltung war von zahlreichen Prominenten besucht, die teilweise auch auf den erhaltenen Wochenschau-Aufnahmen identifiziert werden können, darunter die bekannten Schauspieler Heinrich George, Eugen Klöpfer und Bernhard Minetti. Was Politikprominenz angeht, so ist die Teilnahme von Rüstungsminister Albert Speer, DAF-Führer Robert Ley und Fritz Sauckel, Hitlers

Generalbevollmächtigtem für den Arbeitseinsatz, gesichert, denn alle drei werden von Goebbels in seiner Rede direkt angesprochen. Darüber hinaus können wir annehmen, dass die in Goebbels' Tagebuch als Gäste einer anschließenden Party erwähnten Personen – Justizminister Otto Georg Thierack sowie die Staatssekretäre Wilhelm Stuckart, Erhard Milch und Hellmut Körner – ebenfalls bei der Veranstaltung zugegen waren.

Formal besteht die Rede aus drei Teilen: erstens aus einer allgemeinen Einleitung, in der Goebbels seinen Zuhörern den Ernst der Lage vor Augen führt, verbunden mit der Versicherung, diese Lage wahrhaftig darzustellen, und schließlich aus dieser Situation allgemein die Entschlossenheit zum Handeln ableitet. Zweitens, im Hauptteil der Rede, stellt er zunächst drei Thesen auf, die er sodann ausführlich begründet. Im dritten Teil folgen dann als Höhepunkt und Abschluss die zehn Fragen, die das Publikum mit rasender Zustimmung beantwortet.

Inhaltlich argumentiert Goebbels im Kern, dass der Kampf gegen die tödliche Bedrohung durch den Bolschewismus, die er plastisch ausmalt, weitaus größere Opfer erfordere, als sie bislang gebracht worden seien, nämlich den »totalen Krieg«. Das Volk – repräsentiert durch das Publikum im Saal – sei nicht nur bereit, diese Opfer auf sich zu nehmen, sondern fordere sie sogar ein. Damit stellt die Rede gleichsam ein Plebiszit für den »totalen Krieg« dar.

Ferner ist sie von vier argumentativen Nebenlinien durchzogen: 1. Hinter dem Bolschewismus stehe das Judentum, und nur dessen Vernichtung würde auch ein Ende des so gefährlichen bolschewistischen Systems bedeuten. 2. Die Bedrohung richte sich nicht nur gegen Deutschland, sondern gegen das gesamte zivilisierte Europa, von dem folglich ebenfalls größere Kriegsanstrengungen verlangt werden müssten. 3. Die Fähigkeit der NS-Regierung, sich dem Ansturm aus dem Osten erfolgreich entgegenzustellen, wurzele in den

Erfahrungen, die man in der Auseinandersetzung mit dem Kommunismus in der »Kampfzeit« gewonnen habe. 4. Die Maßnahmen zum »totalen Krieg« verlangten der gesamten Bevölkerung Opfer ab, insbesondere aber von der Oberschicht, deren angeblich mangelnde Bereitschaft, sich in die Kriegsanstrengungen einzubringen, Goebbels im Verlauf der Rede immer wieder kritisiert.

Der »plebiszitäre« Charakter der Veranstaltung kommt natürlich am deutlichsten in dem Zustimmungsorkan am Schluss der Rede zum Ausdruck. Doch letztlich ist die gesamte Rede als Dialog mit dem Publikum angelegt; die am Ende so vehement ausbrechende Zustimmung zu den zehn Fragen wird also von Anfang an bei den Zuhörern im Saal aufgebaut. Wäre es Goebbels nicht gelungen, diese Klimax in der Zwiesprache mit dem Publikum zu erzielen, wäre die Wirkung seiner zehn Fragen wohl weitgehend verpufft. Die Steigerung der Zustimmung ist folglich ein zentrales Element der Veranstaltung, präzise kalkuliert und auch entsprechend vorbereitet. So liegt es auf der Hand, dass Sprechchöre wie »Deutsche Männer ans Gewehr! Deutsche Frauen an die Arbeit!« nicht spontan im Saal zustande gekommen sind, sondern bereits zuvor eingeübt wurden. Zudem können wir davon ausgehen, dass der Gau Berlin der NSDAP über einschlägige Erfahrungen im Umgang mit solchen Stimmungselementen in geschlossenen Sälen verfügte. »Sie reagierten auf die kleinste Nuance und gaben Beifall genau an den richtigen Stellen«, zitierte Albert Speer hierzu eine Bemerkung, die Goebbels ihm gegenüber unmittelbar nach der Rede gemacht haben soll. Es handele sich, so Goebbels weiter, um »das politisch bestgeschulte Publikum, das Sie in Deutschland finden können«.[6] Goebbels wusste, wovon er sprach.

In der Tat offenbart die Tonaufnahme der Rede, dass das Publikum fast jedes Mal, wenn Goebbels seine Stimme hebt, um einer Aussage besondere Bedeutung zu verleihen, »spontan« mit starkem Beifall und Zurufen reagiert. Ebenso »spontan« antwortet es auf die sarkastischen Witzeleien des Redners mit Gelächter oder gar Gejohle. Dementsprechend geht es bei der Interpretation der Veranstaltung nicht nur um die Analyse der Goebbels'schen Rhetorik. Vielmehr gilt es auch, die Interaktion zwischen Redner und Publikum – im Sinne eines »Gesamtkunstwerks« – im Auge zu behalten.

Sehen wir uns nun den ersten Teil der Rede genauer an.

*Meine deutschen Volksgenossen und Volksgenossinnen! Parteigenossen und Parteigenossinnen!**

[1] *Es ist jetzt knapp drei Wochen her, dass ich das letzte Mal bei Gelegenheit der Verlesung der Proklamation des Führers zum Zehnjahrestag der Machtergreifung von dieser Stelle aus zu Ihnen und zum deutschen Volke gesprochen habe. Die Krise, in der sich unsere Ostfront augenblicklich befindet, stand damals auf dem Höhepunkt. Wir hatten uns im Zeichen des harten Unglücksschlages, von dem die Nation im Kampf um die Wolga betroffen wurde, am 30. Januar dieses Jahres zusammengefunden zu einer Kundgebung der Einheit, der Geschlossenheit, aber auch der festen Willenskraft, mit den Schwierigkeiten, die dieser Krieg in seinem vierten Jahre vor uns auftürmt, fertigzuwerden.*

Es war für mich und wohl auch für Sie alle erschütternd, einige Tage später zu erfahren, dass die letzten heldenhaften Kämpfer von Stalingrad, gerade in dieser Stunde durch die Ätherwellen mit uns verbunden, an unserer erhebenden Sportpalastkundgebung teilgenommen haben. Sie funkten in ihrem Schlussbericht, dass sie die Proklamation des Führers vernommen und vielleicht zum letzten Male in ihrem Leben mit uns zusammen mit erhobenen Händen die Nationalhymne gesungen hätten. Welch eine Haltung deutschen Soldatentums in dieser großen Zeit! Welche Verpflichtung aber schließt diese Haltung auch

* Da es sich hier um eine Abschrift der Tonaufnahme handelt und keine zeitgenössische schriftliche Quelle zugrunde liegt, ist der Text der Rede in der neuen Rechtschreibung wiedergegeben.

[1] Goebbels beginnt, indem er zunächst an die von ihm am 30. Januar verlesene »Proklamation des Führers« erinnert. Diese hatte er bereits mit der Forderung nach dem »totalen Krieg« eingeleitet, ohne dass das Stichwort allerdings in Hitlers eigenem Text aufgeschienen wäre. Sodann verweist er auf die nur wenige Tage später (nämlich am 4. Februar) offiziell mitgeteilte Niederlage von Stalingrad. Als Klammer zwischen den beiden Ereignissen dient ihm ein Funkspruch der Führung der 6. Armee, der am 5. Februar von der Presse in den Vordergrund gestellt worden war. Er erinnert nun noch einmal an dessen zentrale Passage, wonach die eingeschlossenen Soldaten versichert hätten, man habe bei der Übertragung der Proklamation »vielleicht zum letzten Mal gemeinsam bei den Nationalhymnen die Hand zum deutschen Gruß erhoben«. Das pathetische Zitat bietet ihm die Möglichkeit, vom realen Elend der Stalingrader Kapitulation abzulenken und die Niederlage in den Rang eines Mythos zu erheben: Stalingrad als der »große Alarmruf des Schicksals an die deutsche Nation« sei Verpflichtung zu einer großen nationalen Kraftanstrengung, sei also ein »Unglück«, das sich nicht nur »ertragen«, sondern sogar »überwinden« lasse.

für uns alle, insbesondere aber für die deutsche Heimat, in sich ein! Stalingrad war und ist der große Alarmruf des Schicksals an die deutsche Nation. Ein Volk, das die Stärke besitzt, ein solches Unglück zu ertragen und auch zu überwinden, ja, daraus noch zusätzliche Kraft zu schöpfen, ist unbesiegbar. Das Gedächtnis an die Helden von Stalingrad soll also auch heute bei meiner Rede vor Ihnen und vor dem deutschen Volke eine tiefe Verpflichtung für mich und für uns alle sein.

[2] *Ich weiß nicht, wie viele Millionen Menschen über die Ätherwellen heute Abend an der Front und in der Heimat an dieser Kundgebung teilnehmen und meine Zuhörer sind. Ich möchte zu Ihnen allen aus tiefstem Herzen zum tiefsten Herzen sprechen. Ich glaube, das gesamte deutsche Volk ist mit heißer Leidenschaft bei der Sache, die ich Ihnen heute Abend vorzutragen habe. Ich will deshalb meine Ausführungen auch mit dem ganzen heiligen Ernst und dem offenen Freimut, den die Stunde von uns erfordert, ausstatten. Das im Nationalsozialismus erzogene, geschulte und disziplinierte deutsche Volk kann die volle Wahrheit ertragen.* (Bravo-Rufe, Beifall) *Es weiß, wie schwierig es um die Lage des Reiches bestellt ist, und seine Führung kann es deshalb gerade auch auffordern, aus der Bedrängtheit der Situation die nötigen harten, wenn nötig auch härtesten Folgerungen zu ziehen.* (Beifall)

Wir Deutschen sind gewappnet gegen Schwäche und Anfälligkeit, und Schläge und Unglücksfälle des Krieges verleihen uns nur zusätzliche Kraft, feste Entschlossenheit und eine seelische und kämpferische Aktivität, die bereit ist, alle Schwierigkeiten und Hindernisse mit revolutionärem Elan zu überwinden.

[3] *Es ist jetzt nicht der Augenblick, danach zu fragen, wie alles gekommen ist. Das wird einer späteren Rechenschaftslegung überlassen bleiben, die in voller Offenheit erfolgen soll und dem deutschen Volk und der Weltöffentlichkeit zeigen wird, dass das Unglück, das uns in den letzten Wochen betroffen hat, seine tiefe, schicksalhafte Bedeutung besitzt. Das große Heldenopfer, das unsere Soldaten in Stalingrad brachten, ist für die ganze Ostfront von einer ausschlag-*

[2] In einer pathetisch-feierlichen Tonlage kündigt Goebbels nun an, angesichts dieser Lage würden seine weiteren Ausführungen von einem »ganzen heiligen Ernst« und »offenen Freimut« bestimmt sein. Nachdem er im Folgenden feststellt, das Volk könne die »volle Wahrheit« vertragen und sei bereit, aus der Situation die »härtesten Folgerungen« zu ziehen, setzt der erste Beifall ein. Schon nach wenigen Minuten wird deutlich, dass Goebbels, indem er den Ernst der Lage, den Mut zur Wahrheit sowie die »feste Entschlossenheit« des Volkes hervorhebt, zunächst einen scheinbar kühlen und realistischen Ton anschlägt, in diesen aber auch immer wieder heroische Töne mischt (»wilden und entschlossenen Willen«; »revolutionärem Elan«).

[3] Es sei nun nicht der Moment, so Goebbels weiter, über die Ursachen der Niederlage zu räsonieren. Dies bleibe späterer »Rechenschaftslegung« überlassen. Statt fruchtlose Debatten zu führen, müsse man jetzt den Blick nach vorne richten und *handeln*. In diesem Kontext geht Goebbels zum ersten Mal auf die Krisenerfahrungen der NSDAP aus der »Kampfzeit« ein und behauptet, die damals, vor 1933, bewiesene Standhaftigkeit sei *gebenden geschichtlichen Bedeutung gewesen. Es war nicht umsonst. Warum, das wird die Zukunft beweisen!*

Wenn ich nunmehr über die jüngste Vergangenheit hinaus den Blick wieder nach vorne lenke, so tue ich das mit voller Absicht. Die Stunde drängt! Sie lässt keine Zeit mehr offen für fruchtlose Debatten. Wir müssen handeln, und zwar unverzüglich, schnell und gründlich, so wie es (Heil-Rufe, Beifall) *seit jeher nationalsozialistische Art gewesen ist.*

Von ihrem Anfang an ist die Bewegung in den vielen Krisen, die sie durchzustehen und durchzukämpfen hatte, so verfahren. Und auch der nationalsozialistische Staat hat sich, wenn eine Bedrohung vor ihm auftauchte, ihr mit entschlossener Willenskraft entgegengeworfen. Wir gleichen nicht dem Vogel Strauß, der den Kopf in den Sand steckt, um die Gefahr nicht zu sehen. Wir sind mutig genug, sie unmittelbar ins Auge zu nehmen, sie kühl und rücksichtslos abzumessen und ihr dann mit erhobenem Haupt und fester Entschlusskraft entgegenzutreten. (Heil-Rufe, Beifall) *Erst dann entwickelten wir als Bewegung und als Volk immer auch unsere höchsten Tugenden, nämlich einen wilden und entschlossenen Willen, die Gefahr zu brechen und zu bannen, eine Stärke des Charakters, die alle Hindernisse überwindet, zähe Verbissenheit in der Verfolgung des einmal erkannten Zieles und ein ehernes Herz, das gegen alle inneren und äußeren Anfechtungen gewappnet ist.* (Bravo-Rufe, Beifall)

So soll es auch heute sein. Ich habe die Aufgabe, Ihnen ein ungeschminktes Bild der Lage zu entwerfen und daraus die harten Konsequenzen für das Handeln der deutschen Führung, aber auch für das Handeln des deutschen Volkes zu ziehen.

[4] *Wir durchleben im Osten augenblicklich eine schwere militärische Belastung. Und diese Belastung hat zeitweilig größere Ausmaße angenommen und gleicht, wenn nicht in der Art der Anlage, so doch in ihrem Umfang, der des vergangenen Winters. Über ihre Ursachen wird später einmal zu sprechen sein. Heute bleibt uns nichts anderes übrig, als ihr Vorhandensein festzustellen und die Mittel und*

mittlerweile durch den Nationalsozialismus auf das gesamte Volk übertragen worden, das sich nunmehr durch »entschlossenen Willen«, »Stärke des Charakters«, »zähe Verbissenheit« und »ein ehernes Herz« auszeichne. Auch diese Passage wird durch Beifallskundgebungen unterbrochen.

[4] Als Nächstes geht Goebbels in längeren Ausführungen auf die »schwere militärische Belastung« und den beispiellosen »Ansturm der Steppe gegen unseren ehrwürdigen Kontinent« ein. Die Frage nach den Ursachen für die Krise schiebt er beiseite, um stattdessen die antibolschewistische Tradition und Erfahrung der NSDAP zu beschwören. Sodann rechtfertigt er den Angriff

Wege zu überprüfen und anzuwenden beziehungsweise einzuschlagen, die zu ihrer Behebung führen. Es hat deshalb auch gar keinen Zweck, diese Belastung selbst zu bestreiten. Ich bin mir zu gut dazu, Ihnen ein täuschendes Bild der Lage zu geben, das nur zu falschen Folgerungen führen könnte und geeignet wäre, das deutsche Volk in eine Sicherheit seiner Lebensführung und seines Handelns einzuwiegen, die der gegenwärtigen Situation durchaus unangepasst wäre.

Der Ansturm der Steppe gegen unseren ehrwürdigen Kontinent ist in diesem Winter mit einer Wucht losgebrochen, die alle menschlichen und geschichtlichen Vorstellungen in den Schatten stellt. Die deutsche Wehrmacht bildet dagegen mit ihren Verbündeten den einzigen überhaupt infrage kommenden Schutzwall. Der Führer hat schon in seiner Proklamation zum 30. Januar mit ernsten und eindringlichen Worten die Frage aufgeworfen, was aus Deutschland und aus Europa geworden wäre, wenn am 30. Januar 1933 statt der nationalsozialistischen Bewegung ein bürgerliches oder ein demokratisches Regime die Macht übernommen hätte. Welche Gefahren wären dann, schneller als wir es damals ahnen konnten, über das Reich hereingebrochen, und welche Abwehrkräfte hätten uns dann noch zur Verfügung gestanden, um ihnen zu begegnen? Zehn Jahre Nationalsozialismus haben genügt, das deutsche Volk über den Ernst der schicksalhaften Problematik, die aus dem östlichen Bolschewismus entspringt, vollkommen aufzuklären. Man wird jetzt auch verstehen, warum wir unsere Nürnberger Parteitage so oft unter das Signum des Kampfes gegen den Bolschewismus gestellt haben. Wir wollten damals unsere warnende Stimme erheben vor dem deutschen Volk und vor der Weltöffentlichkeit, um die von einer Willens- und Geisteslähmung ohnegleichen befallene abendländische Menschheit zum Erwachen zu bringen und ihr die Augen zu öffnen für die grauenerregenden geschichtlichen Gefahren, die aus dem Vorhandensein des östlichen Bolschewismus erwachsen, der ein Volk von fast 200 Millionen dem jüdischen Terror dienstbar gemacht hatte und es zum Angriffskrieg gegen Europa vorbereitete.

auf die Sowjetunion im Juni 1941 als einen Präventivkrieg »zwei Minuten vor zwölf«, um unmittelbar darauf offen einzugestehen, dass man das »Kriegspotenzial der Sowjetunion nicht richtig eingeschätzt« habe. Nun sehe sich nicht nur das Reich, sondern das gesamte »Abendland« mit einer furchtbaren Bedrohung konfrontiert, deren Abwehr er zu einer »gigantischen Aufgabe« erklärt.

Als der Führer die deutsche Wehrmacht am 22. Juni 1941 im Osten zum Angriff antreten ließ, waren wir Nationalsozialisten uns im Klaren darüber, dass damit überhaupt der entscheidende Kampf dieses gigantischen Weltringens anbrach. Wir wussten, welche Gefahren und Schwierigkeiten er für uns mit sich bringen würde. Wir waren uns aber auch klar darüber, dass die Gefahren und Schwierigkeiten bei längerem Zuwarten nur wachsen, niemals aber abnehmen könnten.

Es war zwei Minuten vor zwölf! Ein weiteres Zögern hätte leicht zur Vernichtung des Reiches und zur vollkommenen Bolschewisierung des europäischen Kontinents geführt.

Es ist verständlich, dass wir bei den groß angelegten Tarnungs- und Bluffmanövern des bolschewistischen Regimes das Kriegspotenzial der Sowjetunion nicht richtig eingeschätzt haben. Erst jetzt offenbart es sich uns in seiner ganzen wilden Größe. Dementsprechend ist auch der Kampf, den unsere Soldaten im Osten zu bestehen haben, über alle menschlichen Vorstellungen hinaus hart, schwer und gefährlich. Er erfordert die Aufbietung unserer ganzen nationalen Kraft. Hier ist eine Bedrohung des Reiches und des europäischen Kontinents gegeben, die alle bisherigen Gefahren des Abendlandes weit in den Schatten stellt. Würden wir in diesem Kampfe versagen, so verspielten wir damit überhaupt unsere geschichtliche Mission. Alles, was wir bisher aufgebaut und geleistet haben, verblasst angesichts der gigantischen Aufgabe, die hier der deutschen Wehrmacht unmittelbar und dem deutschen Volke mittelbar gestellt ist.

[5] *Ich wende mich in meinen Ausführungen zuerst an die Weltöffentlichkeit und proklamiere ihr gegenüber drei Thesen unseres Kampfes gegen die bolschewistische Gefahr im Osten.*

Die erste dieser Thesen lautet: Wäre die deutsche Wehrmacht nicht in der Lage, die Gefahr aus dem Osten zu brechen, so wäre damit das Reich und in kurzer Folge ganz Europa dem Bolschewismus verfallen. (Schwacher Beifall)

Die zweite dieser drei Thesen lautet: Die deutsche Wehrmacht und

[5] Ebendiese Aufgabenstellung leitet zum Hauptteil der Rede über, den Goebbels mit der Verlesung seiner drei Kernthesen beginnt. Sie richten sich ihm zufolge an die »Weltöffentlichkeit«, und immer wieder wird er seinen folgenden Ausführungen eine europäische Dimension geben.

Die drei Thesen besagen im Einzelnen: 1. Das Deutsche Reich und Europa werden dem Bolschewismus verfallen, sollte die Wehrmacht nicht in der Lage sein, den Ansturm aus dem Osten *das deutsche Volk allein besitzen mit ihren Verbündeten die Kraft, eine grundlegende Rettung Europas aus dieser Bedrohung durchzuführen.*

Die dritte dieser Thesen lautet: Gefahr ist im Verzuge! Es muss schnell und gründlich gehandelt werden, sonst ist es zu spät! (Starker Beifall)

[6] *Zur ersten These habe ich im Einzelnen zu bemerken: Der Bolschewismus hat seit jeher ganz offen das Ziel proklamiert, nicht nur Europa, sondern die ganze Welt zu revolutionieren und sie in ein bolschewistisches Chaos zu stürzen. Dieses Ziel ist seit Beginn der bolschewistischen Sowjetunion seitens des Kremls ideologisch vertreten und praktisch verfochten worden. Es ist klar, dass Stalin und die anderen Sowjetgrößen, je mehr sie glauben, sich der Verwirklichung ihrer weltzerstörerischen Absichten zu nähern, umso mehr auch bestrebt sind, diese zu tarnen und zu verschleiern. Das kann uns Nationalsozialisten nicht beirren. Wir gehören nicht zu jenen furchtsamen Gemütern, die wie das hypnotisierte Kaninchen auf die Schlange schauen, bis sie es verschlingt. Wir wollen die Gefahr rechtzeitig erkennen und ihr auch rechtzeitig mit wirksamen Mitteln entgegentreten. Wir durchschauen nicht nur die Ideologie, sondern auch die Praktiken des Bolschewismus, denn wir haben uns schon einmal mit ihnen, und zwar mit denkbar größtem Erfolg, auf innerpolitischem Felde auseinandergesetzt. Uns kann der Kreml nichts vormachen. Wir haben in einem vierzehnjährigen Kampf vor der Machtübernahme und in einem zehnjährigen Kampf nach der Machtübernahme seine Absichten und infamen Weltbetrugsmanöver demaskiert.*

Das Ziel des Bolschewismus ist die Weltrevolution der Juden. Sie wollen das Chaos über das Reich und über Europa hereinführen, um in der daraus entstehenden Hoffnungslosigkeit und Verzweiflung der Völker ihre internationale, bolschewistisch verschleierte kapitalistische Tyrannei aufzurichten. (Laute Empörungsrufe) zu brechen. 2. Nur die Wehrmacht und das deutsche Volk mit ihren Verbündeten besitzen die Kraft, Europa vor dem Bolschewismus zu bewahren. 3. Angesichts der Gefahr muss schnell und gründlich gehandelt werden. Auffallend ist der zögerliche Beifall als Reaktion auf die ersten beiden Thesen, während die dritte These stärkeren Applaus erhält.

[6] Die Ausführungen zur ersten These dauern knappe zehn Minuten, wobei Goebbels den angekündigten Themenkreis alsbald ausweitet. Zunächst hebt er vor allem hervor, dass die Revolutionierung der gesamten Welt stets das offen proklamierte Ziel des Bolschewismus gewesen sei. Man sei mit diesem gefährlichen Gegner seit Beginn der Zwanzigerjahre vertraut und wisse daher, dass sein eigentliches Ziel die »Weltrevolution der Juden« sei, die eine »internationale, bolschewistisch verschleierte kapitalistische Tyrannei« aufrichten wollten.

[7] *Was das für das deutsche Volk bedeuten würde, braucht nicht näher erläutert zu werden. Es würde mit der Bolschewisierung des Reiches eine Liquidierung unserer gesamten Intelligenz- und Führungsschicht und als Folge davon die Überführung der arbeitenden Massen in die bolschewistisch-jüdische Sklaverei nach sich ziehen. Das ist das Ziel. Man sucht in Moskau Zwangsarbeitsbataillone, wie der Führer in seiner Proklamation zum 30. Januar schon sagte, für die sibirischen Tundren. Der Aufstand der Steppe macht sich vor unseren Fronten bereit, und der Ansturm des Ostens, der in täglich sich steigernder Stärke gegen unsere Frontlinien anbrandet, ist nichts anderes als die versuchte Wiederholung der geschichtlichen Verheerungen, die früher schon so oft in unserer Geschichte unseren Kontinent in seinem Leben gefährdet haben.*

Damit aber ist auch eine unmittelbare akute Lebensbedrohung nicht nur für uns, sondern für alle europäischen Mächte gegeben. Man soll nicht glauben, dass der Bolschewismus, hätte er die Gelegenheit, seinen Siegeszug über das Reich anzutreten, irgendwo an unseren Grenzen aufgrund einer papierenen Abmachung haltmachen würde. Er treibt eine Aggressionspolitik und eine Aggressionskriegführung, die ausgesprochen auf die Bolschewisierung aller Länder und Völker ausgeht.

Papierene Erklärungen, die vonseiten des Kreml oder als Garantieverpflichtungen vonseiten Londons oder Washingtons gegen diese nicht zu bestreitenden Absichten abgegeben werden, imponieren uns nicht! Wir wissen, dass wir es im Osten mit einer infernalischen politischen Teufelei zu tun haben, die die sonst unter Menschen und Staaten üblichen Beziehungen nicht anerkennt. Wenn beispielsweise der englische Lord Beaverbrook erklärt, dass Europa dem Bolschewismus zur Führung anvertraut werden müsse (Pfui-Rufe), *wenn ein maßgeblicher amerikanisch-jüdischer Journalist Brown diese These durch die zynische Verlautbarung ergänzt, dass eine Bolschewisierung Europas vielleicht überhaupt die Lösung unseres kontinentalen*

[7] Für das Reich, so Goebbels in simpler Umkehrung der von den nationalsozialistischen Besatzern im Osten praktizierten Vernichtungspolitik, bedeute dies die »Liquidierung unserer gesamten Intelligenz- und Führungsschicht und die Versklavung der arbeitenden Massen«. Der Bolschewismus werde seine Herrschaft jedoch auch auf die anderen europäischen Länder ausdehnen, und zwar nicht zuletzt mit Unterstützung von jüdischer Seite. Gerade diese Passage, in der Goebbels diese Gefahr weiter ausmalt, angebliche westliche Unterstützer dieser Machenschaften zitiert, von »jüdischen Liquidationskommandos« fabuliert und den »Untergang jahrtausendealter Kulturen« heraufbeschwört, wird mehrfach von erregten Einwürfen und Sprechchören des Publikums unterbrochen.

Problems darstellte, so wissen wir genau, was die Juden damit meinen. (Rufe)

Die europäischen Mächte stehen hier vor ihrer entscheidenden Lebensfrage. Das Abendland ist in Gefahr! (Rufe) *Ob ihre Regierungen und ihre Intelligenzschichten das einsehen wollen oder nicht, das ist dabei gänzlich unerheblich!*

Das deutsche Volk jedenfalls und seine Führung sind nicht gewillt, sich dieser Gefahr auch nur versuchsweise preiszugeben! (Laute Rufe, Beifall, erregte Rufe) *Hinter den anstürmenden Sowjetdivisionen sehen wir schon die jüdischen Liquidationskommandos, hinter diesen aber erhebt sich der Terror, das Gespenst des Millionenhungers und einer vollkommenen europäischen Anarchie. Hier erweist sich wiederum das internationale Judentum als das teuflische Ferment der Dekomposition, das eine geradezu zynische Genugtuung dabei empfindet, die Welt in ihre tiefste Unordnung zu stürzen und damit den Untergang jahrtausendealter Kulturen, an denen es niemals einen inneren Anteil hatte, herbeizuführen. Wir wissen damit also, vor welcher geschichtlichen Aufgabe wir stehen. Eine zweitausendjährige Aufbauarbeit der abendländischen Menschheit ist in Gefahr. Man kann diese Gefahr gar nicht ernst genug schildern, aber es ist auch bezeichnend, dass, wenn man sie nur beim Namen nennt, das internationale Judentum in allen Ländern dagegen mit lärmenden Ausführungen Protest einlegt. So weit also ist es in Europa schon gekommen, dass man eine Gefahr nicht mehr eine Gefahr nennen darf, wenn sie eben vom Judentum ausgeht! Das aber hindert uns Nationalsozialisten nicht daran, die dazu notwendigen Feststellungen zu treffen. Wir haben niemals Angst vor den Juden gehabt und haben sie heute weniger denn je!* (Heil-Rufe, starker und lang anhaltender Beifall)

Wir haben das auch früher in unserem innerpolitischen Kampf getan, als das kommunistische Judentum sich des demokratischen Judentums im Berliner Tageblatt *und in der* Vossischen Zeitung *bediente, um eine Gefahr, die von Tag zu Tag drohender wurde, zu ver-*

niedlichen und zu bagatellisieren, um damit die von ihr bedrohten Teile unseres Volkes in Sicherheit einzuwiegen und ihre Abwehrkräfte einzuschläfern. Wir sähen, wenn wir dieser Gefahr nicht Herr würden, im Geiste schon das Gespenst des Hungers, des Elends und einer Millionenzwangsarbeit für das deutsche Volk heraufziehen, sähen den ehrwürdigsten Erdteil in seinen Grundfesten wanken und unter seinen Trümmern das geschichtliche Erbe der abendländischen Menschheit begraben. Das ist das Problem, vor dem wir stehen.

[8] *Meine zweite These lautet: Allein das Deutsche Reich mit seinen Verbündeten ist in der Lage, die eben geschilderte Gefahr zu bannen. Die europäischen Staaten einschließlich Englands behaupten, stark genug zu sein, einer Bolschewisierung des europäischen Kontinents, sollte sie einmal praktisch gegeben werden, rechtzeitig und wirksam entgegenzutreten.* (Heiterkeit) *Diese Erklärung ist kindisch und verdient überhaupt keine Widerlegung. Sollte nämlich die stärkste Militärmacht der Welt – das Deutsche Reich – nicht in der Lage sein, die Drohung des Bolschewismus zu brechen, wer sollte dann dazu die Kraft aufbringen?* (Rufe: »Niemand!«, Beifall)

Etwa die neutralen europäischen Staaten? (Rufe: »Nein!«) *Sie besitzen weder das Potenzial noch die militärischen Machtmittel noch überhaupt die geistigen Voraussetzungen bei ihren Völkern* (Zustimmende Rufe, langer Beifall), *um dem Bolschewismus auch nur den geringsten Widerstand entgegenzustellen. Sie würden im Bedarfsfall von seinen motorisierten Roboterdivisionen in wenigen Tagen glatt überfahren werden. In den Hauptstädten der mittleren und kleinen europäischen Staaten tröstet man sich mit der Absicht, man müsse sich gegen die bolschewistische Gefahr geistig zur Wehr setzen.* (Heiterkeit) *Das erinnert verzweifelt an die Erklärungen der bürgerlichen Mittelparteien aus dem Jahre 1932, dass der Kampf gegen den Kommunismus nur mit geistigen Waffen ausgefochten werden könne.* (Zwischenruf, Geraune) *Diese Behauptung war uns auch damals zu albern, als dass wir uns damit auseinandergesetzt hätten. Der östliche Bolschewismus ist nicht nur eine terroristische Lehre, sondern auch eine terroristische Praxis. Er verfolgt seine Ziele und Zwecke mit einer infernalischen Gründlichkeit, unter restloser Ausschöpfung seines inneren Potenzials und ohne jede Rücksichtnahme auf Glück, Wohlstand und Frieden der von ihm unterjochten Völkerschaften.*

Was wollten England und Amerika tun, wenn der europäische Kontinent im gröbsten Unglücksfall dem Bolschewismus in die Arme fiele? Will man Europa von London aus vielleicht einreden, dass eine solche

[8] Die Erläuterungen zur zweiten These, wonach nur das Deutsche Reich und seine Verbündeten diese Gefahr bannen könnten, knüpfen fast nahtlos an diese Ausführungen an. Goebbels steigert sich nun immer weiter in eine antijüdische Hetzrede hinein. Dabei strapaziert er eines der Leitmotive der deutschen Propaganda seit Mitte des Jahres 1941, nämlich die Vorstellung, dass das Bündnis zwischen der Sowjetunion und den angelsächsischen Mächten mit ihren grundverschiedenen politischen Systemen im Kern durch eine internationale jüdische Weltverschwörung zusammengehalten werde (die sich im Osten bolschewistisch, im Westen »plutokratisch-kapitalistisch« gebe). Dementsprechend sei das nationalsozialistische Deutschland dazu legitimiert, ja, aus Gründen der Existenzerhaltung förmlich gezwungen, nach außen wie nach innen einen »Krieg gegen die Juden« zu führen.

Entwicklung absprachegemäß an der Kanalgrenze haltmachen würde? Ich habe schon einmal darauf hingewiesen, dass der Bolschewismus seine Fremdenlegionen auf dem Boden aller demokratischen Staaten bereits in den kommunistischen Parteien stehen hat. Keiner dieser Staaten kann von sich behaupten, gegen eine innere Bolschewisierung immun zu sein. Eine jüngst vorgenommene Nachwahl zum englischen Unterhaus ergab, dass der unabhängige, das heißt der kommunistische Kandidat in einem Wahlkreis, der bisher unumschränkte Domäne der Konservativen war, von insgesamt 22000 Stimmen 10000 Stimmen erhielt. Das heißt, dass die Rechtsparteien allein in diesem einen Kreise im Verlaufe von nur kurzer Zeit rund 10000, also die Hälfte aller Wahlstimmen an die Kommunisten verloren, ein Beweis mehr dafür, dass die bolschewistische Gefahr auch in England gegeben ist und dass sie nicht dadurch gebannt wird, dass man sie nicht sehen will. Alle territorialen Verpflichtungen, die die Sowjetunion auf sich nimmt, besitzen in unseren Augen keinen effektiven Wert. Der Bolschewismus pflegt seine Grenzen auch ideologisch und nicht nur militärisch zu ziehen, und darin ist eben seine über die Grenzen der Völker hinwegspringende Gefahr gegeben. Die Welt hat also nicht die Wahl zwischen einem in seine alte Zersplitterung zurückfallenden und einem unter der Achsenführung sich neu ordnenden Europa, sie hat nur die Wahl zwischen einem unter dem militärischen Schutz der Achse stehenden und einem bolschewistischen Europa. (Beifall)

Darüber hinaus bin ich der festen Überzeugung, dass die lamentierenden Lords und Erzbischöfe in London überhaupt nicht einmal die Absicht haben, der bolschewistischen Gefahr, die bei einem weiteren Vordringen der Sowjetarmeen für die europäischen Staaten gegeben wäre, praktisch entgegenzutreten. Das Judentum hat die angelsächsischen Staaten geistig und politisch schon so tief durchdrungen, dass sie diese Gefahr überhaupt nicht mehr sehen und wahrhaben wollen. Wie es sich in der Sowjetunion bolschewistisch tarnt, so tarnt es sich in den angelsächsischen Staaten plutokratisch-kapitalistisch.

Die Methoden der Mimikry, das heißt die systematische Anpassung an die Umgebung, sind bei der jüdischen Rasse bekannt. Sie geht seit jeher darauf aus, ihre Gastvölker einzuschläfern und damit ihre Abwehrkräfte gegen von ihr stammende akute und lebensgefährdende Bedrohungen zu lähmen. (Rufe)

Unsere Einsicht in diese Problematik hat uns schon früh die Erkenntnis vermittelt, dass das Zusammengehen zwischen internationaler Plutokratie und internationalem Bolschewismus durchaus nicht, wie es scheinen möchte, keinen Widersinn, sondern einen tiefen und ursächlichen Sinn darstellt. Über unser Land hinweg reicht sich bereits das westeuropäische scheinzivilisierte Judentum und das Judentum des östlichen Ghettos die Hände. Damit ist Europa in Todesgefahr, auch wenn die Engländer das nicht wahrhaben wollen.

Ich schmeichle mir nicht, mit diesen Ausführungen die öffentliche Meinung in den neutralen oder gar in den feindlichen Staaten alarmieren zu können. Das ist auch nicht ihr Zweck, und ich habe gar nicht die Absicht dazu. Ich weiß, dass die englische Presse morgen mit einem wütenden Gekläff über mich herfallen wird, ich hätte angesichts unserer Belastung an der Ostfront die ersten Friedensfühler ausgestreckt. (Gelächter) *Davon kann überhaupt keine Rede sein. In Deutschland denkt heute kein Mensch an einen faulen Kompromiss, das ganze Volk denkt nur an einen harten Krieg!* (Starker, lang anhaltender Beifall, Rufe)

Ich beanspruche aber als verantwortlicher Sprecher des führenden Landes dieses Kontinents für mich das souveräne Recht, eine Gefahr eine Gefahr zu nennen, wenn sie nicht nur unser eigenes Land, sondern unseren ganzen Erdteil bedroht. Als Nationalsozialisten haben wir es seit jeher als Pflicht empfunden, Alarm zu schlagen gegen die versuchte Chaotisierung des europäischen Kontinents durch das internationale Judentum, das sich im Bolschewismus eine terroristische Militärmacht aufgebaut hat, deren Bedrohlichkeit überhaupt nicht überschätzt werden kann.

[9] *Die dritte These, die ich hier näher erläutern will, ist die, dass Gefahr unmittelbar im Verzuge ist. Die geistigen Lähmungserscheinungen der westeuropäischen Demokratien gegen ihre tödlichste Bedrohung sind wahrhaft herzbeklemmend. Das internationale Judentum fördert sie mit allen Kräften. Genauso wie der Widerstand gegen den Kommunismus in unserem Kampf um die Macht in unserem eigenen Lande von den jüdischen Zeitungen künstlich eingeschläfert und nur durch die nationalsozialistische Bewegung wieder erweckt wurde, genauso ist das heute bei den anderen Völkern der Fall. Das Judentum erweist sich hier wieder einmal als die Inkarnation des Bösen, als plastischer Dämon des Verfalls und als Träger eines internationalen kulturzerstörerischen Chaos.*

Man wird, um das hier nur nebenbei zu erwähnen, in diesem Zusammenhang auch unsere konsequente Judenpolitik verstehen können, auch wenn die Juden heute in Berlin ihre alte Mitleidsgarde vorschicken. (Rufe: »Aufhängen!«)

[10] *Wir sehen im Judentum für jedes Land eine unmittelbare Gefahr gegeben.* (Rufe: »Aufhängen!«, Beifall) *Wie andere Völker sich gegen diese Gefahr zur Wehr setzen, das ist uns gleichgültig. Wie wir uns aber dagegen zur Wehr setzen, das ist unsere eigene Sache, in die wir keinerlei Einsprüche dulden.* (Starker Beifall, erregte Rufe)

Das Judentum steckt eine – das Judentum stellt eine infektiöse Erscheinung dar, die ansteckend wirkt. Wenn das feindliche Ausland gegen unsere antijüdische Politik scheinheilig Protest erhebt und über unsere Maßnahmen gegen das Judentum heuchlerische Krokodilstränen vergießt, so kann uns das nicht daran hindern, das Notwendigste zu tun. Deutschland jedenfalls hat nicht die Absicht, sich dieser jüdischen Bedrohung zu beugen, sondern vielmehr die, ihr rechtzeitig und wenn nötig unter vollkommener und radikalster Ausrott-, schaltung des Judentums entgegenzutreten. (Starker Beifall, erregte Rufe, Gelächter).

[9] Auch Goebbels' Ausführungen zur dritten These, wonach Gefahr im Verzug sei und man schnell handeln müsse, stehen ganz unter antisemitischen Vorzeichen. So bezeichnet er die Juden unter anderem als »Inkarnation des Bösen«, als »plastischer Dämon des Verfalls« und als Urheber eines internationalen kulturzerstörerischen Chaos. Wie nebenbei weist er darauf hin, man werde vor diesem Hintergrund »auch unsere konsequente Judenpolitik verstehen können«, selbst dann, wenn »die Juden heute in Berlin ihre alte Mitleidsgarde vorschicken« würden. Letzteres ist eine Anspielung darauf, dass die noch nicht aus Berlin in den Osten verschleppte, überwiegend ältere, um Vermögen und Einkommen gebrachte und mit dem Judenstern gekennzeichnete jüdische Bevölkerung ihrer elenden Erscheinung wegen durchaus mit kleinen Gesten des Mitleids und der Unterstützung aus Teilen der Berliner Bevölkerung rechnen konnte. Noch vor Ende des Monats, das ist in unserem Zusammenhang in Erinnerung zu rufen, wird eine große »Aktion« zur Festnahme und Deportation der noch in der Rüstungsindustrie tätigen Berliner Jüdinnen und Juden folgen.

[10] Als Goebbels dieses Thema anspricht, sind Zwischenrufe aus dem Saal zu hören, die »Aufhängen!« fordern. Diese Reaktion entsprach einem Ritual, das sich bis in die Anfänge der NS-Bewegung zurückverfolgen, aber auch bei den Kundgebungen anderer radikal-antisemitischer Gruppierungen nachweisen lässt: Auf antijüdische Ausfälle des Redners reagierte die fanatisierte Anhängerschaft immer wieder mit solchen Todesdrohungen, setzte also den Gedankengang des Mannes auf dem Podium konsequent fort, ohne dass dieser selbst im Einzelnen ausführen musste, was er denn nun mit den Juden vorhabe. Dieses »kongeniale« Einverständnis zwischen Publikum und Redner herrscht auch am 18. Februar 1943 im Sportpalast. Auf welche Weise sich Deutschland gegen die von den Juden ausgehende Gefahr wehre, so fährt Goebbels fort, sei »unsere Sache, in die

Im Zeichen all dieser Überlegungen steht die militärische Belastung des Reiches im Osten. Der Krieg der mechanisierten Roboter gegen Deutschland und gegen Europa ist auf seinen Höhepunkt gestiegen. Das deutsche Volk erfüllt mit seinen Achsenpartnern im wahrsten Sinne des Wortes eine europäische Mission, wenn es dieser unmittelbaren und ernsten Lebensbedrohung mit den Waffen entgegentritt. Wir lassen uns nicht durch das Geschrei des internationalen Judentums in aller Welt in der mutigen und aufrechten Fortführung des gigantischen Kampfes gegen diese Weltpest beirren. Er kann und darf nur mit Sieg enden! (Heil-Rufe, langer und stürmischer Beifall, Rufe, Sprechchöre: »Deutsche Männer, ans Gewehr!«, »Deutsche Frauen, an die Arbeit!«)

wir keinerlei Einspruch dulden«, was das Publikum mit starkem Beifall und erregten Zurufen quittiert. Anschließend geht er explizit auf »Protest« und »heuchlerische Krokodilstränen« ein, mit denen das »feindliche Ausland« auf die deutsche »antijüdische Politik« reagiere. Indem Goebbels dann von »vollkommener und radikalster Ausschaltung des Judentums« redet und sich dabei den »Versprecher« leistet, statt »Ausschaltung« das Wort »Ausrottung« anzudeuten, nutzt er die Gelegenheit, um die sowohl in der alliierten Propaganda wie auch in der deutschen Gerüchteküche kursierenden Informationen über die systematische Ermordung der Juden nicht etwa zu dementieren, sondern ausdrücklich zu bestätigen.[7] Das Publikum versteht den Hinweis und reagiert mit starkem Beifall, Rufen und Gelächter. Erneut tosenden Beifall löst Goebbels zwei Minuten später aus, als er in den Saal hineinruft, man werde sich nicht durch »das Geschrei des internationalen Judentums« an der Fortführung des »gigantischen Kampfes gegen diese Weltpest« beirren lassen.

Mit diesen Äußerungen setzt Goebbels die Linie fort, die Hitler und andere führende NS-Politiker bereits seit Längerem verfolgten, nämlich durch gezielte Signale die im Umlauf befindlichen Gerüchte über die Ermordung der Juden Europas in allgemeiner Form zu bestätigen, ohne jedoch Einzelheiten des Mordprogramms preiszugeben. Zuletzt hatte Hitler in seiner Proklamation vom 30. Januar verlautbart, es gehe darum, sich »dieses Krankheitserregers zu entledigen«, und Göring hatte bei seiner Rundfunkansprache aus gleichem Anlass gewarnt, im Falle einer Niederlage werde »der Jude an uns Rache nehmen« und das deutsche Volk vernichten.[8]

Während viele Deutsche jedoch offenbar davor zurückschreckten, aus diesen Äußerungen und den aus verschiedenen Quellen stammenden Informationen über die Judenverfolgung die ebenso naheliegende wie schreckliche Schlussfolgerung zu ziehen, dass

[11] *Das Ringen um Stalingrad wurde geradezu zu einem Symbol dieses Widerstandes gegen den Aufruhr der Steppe. Es hatte sich deshalb nicht nur eine militärische, sondern auch eine geistige und seelische Bedeutung für das deutsche Volk von tiefstgreifender Wirkung erworben. Erst hier sind uns unsere Augen für die aus diesem Kriege erwachsende Problematik vollkommen geöffnet worden. Wir wollen jetzt gar nichts mehr wissen von falschen Hoffnungen und Illusionen. Wir wollen den Tatsachen, und wenn sie noch so hart und grausam sind, mutig in die Augen schauen. Denn jedes Mal noch hat es sich in der Geschichte unserer Partei und unseres Staates erwiesen, dass eine erkannte Gefahr bald schon auch eine gebannte Gefahr ist. Im Zeichen dieses heroischen Widerstandes stehen unsere weiteren schwersten Abwehrkämpfe im Osten. Sie beanspruchen unsere Soldaten und ihre Waffen in einem Umfange, der uns bei allen bisherigen Feldzügen vollkommen unbekannt war. Im Osten tobt ein Krieg ohne Gnade. Der Führer hat ihn richtig charakterisiert, als er in seiner 30.-Januar-Proklamation erklärte, es werden aus ihm nicht Sieger und Besiegte, sondern nur noch Überlebende und Vernichtete hervorgehen.*

Das deutsche Volk hat das ganz klar erkannt. Mit seinem gesunden Instinkt hat es sich auf eigene Weise einen Weg durch das Gestrüpp der ihre eigene Regierung tatsächlich dabei war, ein Jahrhundertverbrechen zu begehen, dürfte ein großer Teil des aus nationalsozialistischen Aktivisten bestehenden Publikums im Sportpalast keine derartigen Skrupel gehabt haben. Nicht zuletzt war der Parteiapparat durch ein Rundschreiben des Leiters der Partei-Kanzlei, Martin Bormann, vom Oktober 1942 eigens über die Hintergründe der entsprechenden Gerüchte so informiert, dass man hierin eine Bestätigung sehen konnte.[9] Die geradezu enthusiastischen Reaktionen des Publikums auf die antisemitischen Ausfälle Goebbels zeigen in jedem Fall sehr deutlich, dass zwischen Redner und Publikum Einverständnis über eine an Radikalität und Grausamkeit nicht mehr zu übertreffende antijüdische Politik bestand.

[11] Nach etwa 15 Minuten antisemitischer Hetze kehrt Goebbels zum Thema Stalingrad und zum Krieg im Osten generell zurück. An dessen Ende werde es nur noch – hier bezieht er sich auf einen Ausspruch Hitlers – »Überlebende und Vernichtete« geben. Alles stehe auf dem Spiel: das Leben von Frauen und Kindern, die Unberührtheit der deutschen Landschaft, die Existenz von Städten und Dörfern, die Erträge einer zweitausendjährigen Kultur. In Gefahr sei dies alles durch das rücksichtslose Vorgehen einer gigantischen Kriegsmaschinerie, die sich 200 Millionen Menschen dienstbar gemacht habe. Das »terroristische Judentum« habe sich mit der »stumpfen Zähigkeit der russischen Rasse« verbunden.

tagesaktuell bedingten geistigen und seelischen Schwierigkeiten dieses Krieges gebahnt. Wir wissen heute ganz genau, dass der Blitzkrieg des Polen- und Westfeldzuges für den Osten nur noch eine bedingte Gültigkeit hat. Hier kämpft die deutsche Nation um ihr Alles. Wir sind in diesem Kampf zu der Erkenntnis gekommen, dass das deutsche Volk hier seine heiligsten Güter, seine Familien, seine Frauen und seine Kinder, die Schönheit und Unberührtheit seiner Landschaft, seine Städte und Dörfer, das zweitausendjährige Erbe seiner Kultur und alles, was uns das Leben lebenswert macht, zu verteidigen hat.

Für diese Schätze unseres reichen Volkstums hat der Bolschewismus natürlich nicht das geringste Verständnis, und er würde auch im Bedarfsfalle darauf nicht die geringste Rücksicht nehmen. Er tut das ja nicht einmal seinem eigenen Volke gegenüber. Die Sowjetunion hat das bolschewistische Kriegspotenzial seit 25 Jahren in einem Umfange ausgeschöpft, der für uns gänzlich unvorstellbar war und deshalb von uns auch falsch eingeschätzt wurde. Dieses terroristische Judentum hat sich in Russland 200 Millionen Menschen dienstbar gemacht, dabei seine zynischen Methoden und Praktiken mit der stumpfen Zähigkeit der russischen Rasse vermählt, die deshalb eine umso größere Gefahr für die europäischen Kulturvölker darstellt. Im Osten wird ein ganzes Volk zum Kampfe gezwungen. Hier werden Männer, Frauen, ja, Kinder nicht nur in die Rüstungsfabriken, sondern auch in den Krieg getrieben.

[12] *200 Millionen stehen uns hier, teils unter dem Terror der GPU*, teils befangen in einer teuflischen Anschauung, mit wilder Stumpfheit gegenüber. Die Massen von Panzern, die in diesem Winter unsere östliche Front berennen, sind das Ergebnis eines fünfundzwanzigjährigen sozialen Unglücks und Elends des bolschewistischen Volkes. Dagegen müssen wir mit entsprechenden Gegenmaßnahmen antreten, wenn wir das Spiel nicht als verloren aufgeben wollen.*

* GPU (bzw. OGPU) war seit 1922 das Kürzel der Geheimpolizei der Sowjetunion.

[12] Mit der dringlichen Aufforderung, adäquate »Gegenmaßnahmen« zu ergreifen, leitet Goebbels zu dem Teil seiner Rede über, in dem er die konkreten Schritte für eine radikale Verschärfung der Kriegsanstrengungen einfordert. Er beginnt ihn mit einer Reihe von Appellen, auf die das Publikum zunehmend heftig reagiert, indem es ihn nach jeweils wenigen Sätzen immer wieder mit lauten Beifallsbekundungen unterbricht. Nun, nach fast der Hälfte seiner Rede, nimmt Goebbels zum ersten Mal das zentrale Schlagwort der Veranstaltung in den Mund, auf das die Menge im Saal gewartet hat: »Der totale Krieg ist also das Gebot der Stunde.«

Ich gebe hier meiner festen Überzeugung Ausdruck, dass wir die bolschewistische Gefahr auf die Dauer nur niederringen können, wenn wir ihr, wenn auch nicht mit gleichen, so doch mit gleichwertigen Methoden entgegentreten! (Bravo-Rufe, Beifall) *Das deutsche Volk steht damit vor der ernstesten Frage dieses Krieges, nämlich der, die Entschlossenheit aufzubringen, alles einzusetzen, um alles, was sie besitzt, zu erhalten, und alles, was sie zum späteren Leben benötigt, zu gewinnen.* (Beifall)

Es geht also nicht mehr darum, heute einen hohen Lebensstandard auf Kosten unserer Verteidigungskraft gegen den Osten aufrechtzuerhalten, es geht vielmehr darum, unsere Verteidigungskraft zu stärken auf Kosten eines nicht mehr zeitgemäßen hohen inneren Lebensstandards. (Zustimmende Rufe, Beifall) *Das hat durchaus nichts mit der Nachahmung bolschewistischer Methoden zu tun. Wir haben auch früher im Kampf gegen die Kommunistische Partei andere Methoden angewandt, als wir sie gegen die bürgerlichen Parteien anwandten. Denn hier trat uns ein Gegner gegenüber, der anders angefasst werden musste, wenn man mit ihm fertigwerden wollte. Er bediente sich des Terrors, um die nationalsozialistische Bewegung niederzuschlagen. Terror aber wird nicht mit geistigen Argumenten, sondern nur mit Gegenterror gebrochen!* (Heil-Rufe, starker Beifall)

Die geistige Bedrohung, die der Bolschewismus darstellt, ist bekannt; sie wird auch im Ausland nicht bestritten. Über die geistige Bedrohung hinaus aber stellt er nun für uns und Europa eine unmittelbare militärische Bedrohung dar. Ihr nur mit geistigen Argumenten entgegentreten zu wollen, würde wahrscheinlich bei den Kreml-Gewaltigen stürmische Heiterkeit auslösen. Wir sind nicht so dumm und so kurzsichtig, den Kampf gegen den Bolschewismus mit derartig unzulänglichen Mitteln auch nur zu versuchen. Wir wollen auch nicht auf uns das Wort angewandt sehen, dass nur die allergrößten Kälber sich ihre Metzger selber wählen. Wir sind entschlossen, unser Leben mit allen Mitteln zu verteidigen, ohne Rücksicht darauf, ob die uns umgebende Welt die Notwendigkeit dieses Kampfes einsieht oder nicht! (Zustimmende Rufe, Beifall)

Der totale Krieg ist also das Gebot der Stunde! (Heil-Rufe, Beifall)

Es muss jetzt zu Ende sein mit den bürgerlichen Zimperlichkeiten, die auch in diesem Schicksalskampf nach dem Grundsatz verfahren wollen: (Anschwellende Rufe, Beifall, der während und nach dem nächsten Satz anhält) *Wasch mir den Pelz, aber mach mich nicht nass! Die Gefahr, vor der wir stehen, ist riesengroß. Riesengroß müssen deshalb auch die Anstrengungen sein, mit denen wir ihr entgegentreten. Es ist also jetzt die Stunde gekommen, die Glacéhandschuhe auszuziehen.* (Aufschrei, Heil-Rufe, Beifall) *Jetzt müssen wir die Faust bandagieren!* (Rufe: »Jawohl!«, kurzer Beifall)

[**13**] *Es geht nicht mehr an, das Kriegspotenzial nicht nur unseres eigenen Landes, sondern der uns zur Verfügung stehenden bedeutenden Teile Europas nur flüchtig und an der Oberfläche auszuschöpfen. Es muss ganz zur Ausschöpfung gelangen, und zwar so schnell und so gründlich, als das organisatorisch und sachlich überhaupt nur denkbar ist. Hier wäre eine falsche Rücksichtnahme vollkommen fehl am Orte. Europas Zukunft hängt von unserem Kampf im Osten ab! Wir stehen zu seinem Schutze bereit! Das deutsche Volk stellt sein kostbarstes nationales Blut für diesen Kampf zur Verfügung. Das übrige Europa sollte hierfür wenigstens seine Arbeit zur Verfügung stellen!* (Heil-Rufe, starker Beifall) *Wer diesen Kampf im übrigen Europa heute noch nicht versteht, wird uns morgen auf den Knien danken, dass wir ihn auf uns genommen haben.* (Rufe: »Jawohl!«, Beifall)

Es ärgert uns nicht einmal, wenn unsere Feinde im Ausland behaupten, die Maßnahmen, die wir jetzt zur Totalisierung des Krieges durchführten, kämen denen des Bolschewismus gleich. (Unruhe) *Scheinheilig erklären sie, daraus müsse man also folgern, dass sich unter diesen Umständen der Kampf gegen den Bolschewismus überhaupt erübrige, denn wir seien ja Bolschewisten.* (Empörte Schreie, Zwischenruf: »Aber ohne Juden!«, Gelächter)

Es geht hier nicht um die Methode, mit der man den Bolschewismus zu Boden schlägt, sondern um das Ziel, nämlich die Beseitigung der Gefahr! (Bravo-Rufe, Beifall) *Die Frage ist also nicht die, ob die Methoden, die wir anwenden, schön oder weniger schön, sondern nur, ob sie erfolgreich sind. Jedenfalls sind wir als nationalsozialistische Volksführung jetzt zu allem entschlossen. Wir packen zu, ohne Rücksicht auf die Einsprüche des einen oder des anderen!* (Zwischenrufe: »Jawohl«, »Bravo«, Beifall)

[13] Bevor er näher auf die Belastungen eingeht, die in diesem Kontext auf die deutsche Bevölkerung zukommen, formuliert Goebbels zunächst seine Forderungen an die »uns zur Verfügung stehenden bedeutenden Teile Europas«, womit er die von Deutschland besetzten sowie vermutlich auch die von ihm abhängigen kleineren »Verbündeten« meint. Man müsse deren Kriegspotenzial völlig ausschöpfen; und da Deutschland dieses Europa mit seinem eigenen Blut verteidige, könne es mit Fug und Recht verlangen, dass Europa »hierfür wenigstens seine Arbeit zur Verfügung« stelle.

Diese Passage macht deutlich, warum Goebbels in seiner Rede immer wieder die europäische Dimension der »jüdisch-bolschewistischen« Herausforderung hervorhebt: Damit will er seinen deutschen Zuhörern vermitteln, dass nicht nur auf sie ein erhebliches Maß an Mehrarbeit zukommen wird, sondern vor allem auch auf die Bewohner des von Deutschland beherrschten Europa. Anfang 1943 befanden sich im Gebiet des Großdeutschen Reiches insgesamt etwa fünf Millionen Ausländer im »Arbeitseinsatz«. Dabei handelte es sich ganz überwiegend um zwangsweise rekrutierte Männer und Frauen, die – insbesondere wenn sie aus Osteuropa stammten – skrupelloser Ausbeutung sowie schlechten bis elenden Arbeits- und Lebensverhältnissen ausgesetzt waren, oder um Kriegsgefangene, vor allem aus Frankreich, Polen und der Sowjetunion. Mit seiner Formulierung, wonach Europa »wenigstens seine Arbeit zur Verfügung stellen« müsse, rechtfertigte Goebbels diese Politik nicht nur, sondern er begründete damit sogar einen noch rabiateren Umgang mit ausländischen Sklavenarbeitern.

Die Rede richtet sich auch in ihrer europäischen Dimension also letztlich vor allem an das deutsche Publikum und dessen Sinn für den eigenen Nutzen. Sie ist demnach gerade nicht als der Versuch zu verstehen, zur Mobilisierung gegen die bolschewistische

Bedrohung in ganz Europa aufzurufen. Hierfür wären auch gar nicht die propagandistischen Grundlagen vorhanden gewesen: Die deutsche Propaganda hatte in den Monaten zuvor sorgfältig jeden Anschein vermieden, man wolle zur Stärkung der deutschen Kriegsanstrengungen politische Zugeständnisse gegenüber den verbündeten beziehungsweise besetzten Ländern machen. Vorschläge vonseiten Goebbels', des Auswärtigen Amtes und anderer Stellen, so etwas wie eine europäische Proklamation zu veröffentlichen, um den betroffenen Ländern zumindest irgendeine, wenn auch noch so vage Perspektive für eine Existenz in einem von Deutschland beherrschten Europa zu vermitteln, waren allesamt am Widerstand Hitlers gescheitert. Dieser wollte sich bei seiner europäischen Nachkriegspolitik in keiner Weise festlegen lassen, nicht einmal durch rein propagandistische Zusagen.[10] Goebbels hatte zwar Ende 1942 mit zwei Artikeln im *Reich* einen entsprechenden Vorstoß in diese Richtung unternommen,[11] fand jedoch für weitergehende Initiativen nicht die Unterstützung Hitlers.

Mit einer europäischen Solidaritätswelle, die über den engeren Kreis der faschistischen Gesinnungsgenossen in den verbündeten oder besetzten Ländern hinausging, konnte das NS-Regime also nicht rechnen. Außerdem hatte es in den besetzten sowjetischen Gebieten nicht nur beispiellose Verbrechen begangen, sondern sich auch die Möglichkeit verbaut, durch Konzessionen an die dortige Bevölkerung – etwa Gewährung von Religionsfreiheit und Auflösung des Kolchossystems –, doch noch Unterstützung für die deutsche Kriegspolitik hervorzurufen. Eine entsprechende »Ostproklamation«, an der Goebbels um die Jahreswende 1942/43 gearbeitet hatte und die zumindest solche Ankündigungen für die Zukunft enthielt, war ebenfalls wegen des Widerspruchs Hitlers sowie des Ostministers Alfred Rosenberg wieder in der Schublade verschwunden.[12]

[**14**] *Wir wollen nicht im Interesse ...* (Anhaltender Beifall), *wir wollen nicht mehr im Interesse der Aufrechterhaltung eines hohen, manchmal fast friedensmäßigen inneren Lebensstandards für eine bestimmte Volksschicht das deutsche Potenzial schwächen und damit unsere Kriegführung gefährden.* (Zwischenruf: »Lumpenluder!«) *Im Gegenteil, wir verzichten freiwillig auf einen bedeutenden Teil dieses Lebensstandards, um das Kriegspotenzial so schnell und so gründlich wie möglich zu erhöhen.* (Bravo-Rufe, starker Beifall)

Im Übrigen herrscht darüber, wie mir aus ungezählten Briefen aus der Heimat und Zustimmungskundgebungen von der Front mitgeteilt wird, im ganzen deutschen Volke überhaupt nur eine Meinung. Jedermann weiß, dass dieser Krieg, wenn wir ihn verlören, uns alle vernichten würde. Und darum ist das Volk mit seiner Führung entschlossen, nunmehr zur radikalsten Selbsthilfe zu greifen! Die breiten arbeitenden Massen unseres Volkes machen der Regierung nicht zum Vorwurf, dass sie zu rücksichtslos, sondern höchstens, dass sie zu rücksichtsvoll vorgeht. (Bravo-Rufe, starker Beifall) *Man frage landauf, landab das deutsche Volk, und man wird nur eine Antwort erhalten: Das Radikalste ist heute gerade radikal, und das Totalste ist heute gerade total genug, um zum Siege zu führen.* (Bravo-Rufe, starker Beifall) *Darum ist die totale Kriegführung eine Sache des ganzen deutschen Volkes. Niemand kann sich auch nur mit einem Schein von Berechtigung an ihren Forderungen vorbeidrücken. Als ich in meiner Rede vom 30. Januar von dieser Stelle aus den totalen Krieg proklamierte, schwollen mir aus den um mich versammelten Menschenmassen Orkane der Zustimmung zu. Ich kann also feststellen, dass die Führung sich in ihren Maßnahmen in vollkommenster Übereinstimmung mit dem ganzen deutschen Volk in der Heimat und an der Front befindet.* (Zwischenruf: »Jawohl!«, starker, langer Beifall) *Das Volk will alle ...* (Zwischenruf, einsetzender Beifall), *das Volk will alle, auch die schwersten Belastungen auf sich nehmen und ist bereit, jedes Opfer zu bringen, wenn damit dem Siege gedient wird. Aller-*

[14] Nachdem Goebbels in der Rede also von den »uns zur Verfügung stehenden« europäischen Ländern Mehrleistungen verlangt hat, stellt er klar, dass sich seine Forderungen an die deutsche Bevölkerung zuallererst an eine »bestimmte Volksschicht« richten, nämlich an jene, die sich nach wie vor einen »hohen, manchmal fast friedensmäßigen inneren Lebensstandard« leiste. Er wisse, dass die große Mehrheit des Volkes zwar bereit sei, jedes Opfer zu bringen, gleichzeitig aber von der Staatsführung Maßnahmen erwarte, die verhinderten, dass »ein kleiner passiver Teil sich an den Lasten und an der Verantwortung des Krieges vorbeizudrücken versucht«. Man nehme darum »keine Rücksicht auf Stand und Beruf« und sei bereit, jedermann zur Erfüllung seiner Pflicht gegenüber der Nation anzuhalten, ja zu zwingen.

Für diese »klassenkämpferisch« anmutenden Passagen erhält Goebbels, wie schon am 30. Januar, wiederholt stärksten Beifall. Zwischenrufe fordern zudem, das »Lumpenluder« kurzerhand aufzuknüpfen. Im Zuge dieses Angriffs auf angeblich nach wie vor privilegierte Schichten heizt Goebbels die Stimmung weiter an. Nicht zuletzt versucht er, seine Forderungen nach Radikalität und Totalisierung mithilfe sich überbietender Superlative rhetorisch zu steigern (»Das Radikalste ist heute gerade radikal, und das Totalste ist gerade total genug, um zum Sieg zu führen«; der »totalste und radikalste Krieg ist auch der kürzeste«). Die dem Volk abverlangten Anstrengungen, so erklärt er seinem Publikum, dienten letztlich dem Zweck, dem »Führer« eine »operative Reserve« in der Heimat bereitzustellen, die ihm die Möglichkeit gebe, im kommenden Frühjahr und Sommer »endlich wieder die heiß ersehnte Offensive« zu eröffnen.

Nun setzt Goebbels dazu an, die geplanten (bzw. bereits eingeleiteten) Maßnahmen im Einzelnen vorzustellen – allerdings nicht ohne erneut einen Seitenhieb gegen »gewisse Leute« aus-

dings … (Bravo-Rufe, Beifall), *allerdings die Voraussetzung dazu ist, dass die Lasten gerecht verteilt werden.* (Bravo-Rufe, starker Beifall) *Die Staatsführung darf nicht dulden, dass der weitaus größte Teil des Volkes die ganze Bürde des Krieges trägt und ein kleiner passiver Teil sich an den Lasten und an der Verantwortung des Krieges vorbeizudrücken versucht.* (Zwischenruf: »Aufhängen!«, Beifall) *Die Maßnahmen, die wir getroffen haben und noch treffen müssen, werden deshalb vom Geiste der nationalsozialistischen Gerechtigkeit erfüllt sein. Wir nehmen keine Rücksicht auf Stand und Beruf!* (Bravo-Rufe, starker Beifall)

Arm und Reich und Hoch und Niedrig müssen in gleicher Weise beansprucht werden. Jedermann wird in dieser ernstesten Phase unseres Schicksalskampfes zur Erfüllung seiner Pflicht der Nation gegenüber angehalten, wenn nötig, gezwungen werden. (Bravo-Rufe, Beifall) *Auch dabei wissen wir uns in vollster Übereinstimmung mit dem nationalen Willen unseres Volkes. Wir wollen lieber zu viel als zu wenig Kraft zur Erringung des Sieges anwenden. Noch niemals ist ein Krieg in der Geschichte der Völker verloren gegangen, weil die Führung zu viele Soldaten hatte. Sehr viele aber gingen verloren, weil das Umgekehrte der Fall war.*

Ich habe schon in der Öffentlichkeit erklärt, dass die kriegsentscheidende Aufgabe der Gegenwart darin besteht, dem Führer durch einschneidendste Maßnahmen in der Heimat eine operative Reserve bereitzustellen, die ihm die Möglichkeit gibt, im kommenden Frühjahr und Sommer endlich wieder die heiß ersehnte Offensive zu eröffnen! (Heil-Rufe, sehr starker und lang anhaltender Beifall, Rufe) *Je mehr wir dem Führer an Kraft in die Hand geben, umso vernichtender wird dieser Schlag sein. Es ist also nicht mehr angebracht, unzeitgemäßen Friedensvorstellungen zu huldigen. Das deutsche Volk hat alle Veranlassung, nur an Krieg zu denken! Das trägt nicht zu seiner Verlängerung, sondern nur zu seiner Beschleunigung bei. Der totalste und radikalste Krieg ist auch der kürzeste.* (Beifall) *Wir* zuteilen, die versuchten, sich »an den Lasten irgendwie vorbeizudrücken«. Gegen sie müsse man mit »drakonischen Strafen« vorgehen. Bezeichnenderweise erwähnt Goebbels daher auch zunächst eine Reihe von Maßnahmen, die für die Kriegsführung selbst nicht von »lebenswichtiger Bedeutung« seien, wohl aber für die »Aufrechterhaltung der Kriegsmoral in der Heimat und an der Front« erforderlich erschienen. Ihr Zweck sei es, die »Optik des Krieges« richtig einzustellen, wie Goebbels dies nennt. Dabei spielt er auf den gleichnamigen Titel eines kurz zuvor von ihm im *Reich* publizierten Artikels an.

müssen im Osten wieder offensiv werden! Wir müssen dazu die nötigen Kräfte, die im Lande noch im reichen Maße vorhanden sind, mobilisieren, und zwar nicht nur auf organisatorische und bürokratische, sondern auch auf improvisatorische Weise. (Zwischenruf) *Ein umständliches bürokratisches Verfahren führt hier nur langsam zum Ziel. Die Stunde aber drängt; Eile ist ihr Gebot. Auch früher, im Kampf der nationalsozialistischen Bewegung gegen den demokratischen Staat, haben wir nicht immer nach einem schwerfälligen Verfahren gearbeitet. Auch damals lebten wir oft von der Hand in den Mund und trieben unsere politische Strategie als System der Aushilfen. Das muss heute wieder der Fall sein. Es ist also an der Zeit, den Säumigen Beine zu machen!* (Bravo-Rufe, starker Beifall) *Sie müssen aus ihrer bequemen Ruhe aufgerüttelt werden!* (Rufe: »Jawohl!«) *Wir können nicht warten, bis sie von selbst zur Besinnung kommen und es dann vielleicht zu spät ist.* (Zwischenruf) *Es muss wie ein Alarmruf durch das Volk gehen! Eine Arbeit von Millionen Händen hat unverzüglich einzusetzen, und zwar landauf, landab.* (Zwischenruf)

Die Maßnahmen, die wir bereits getroffen haben und noch treffen müssen und die ich im weiteren Teil meiner Ausführungen des Näheren erläutern werde, sind einschneidend für das gesamte private und öffentliche Leben, das wissen wir. Die Opfer, die der einzelne Bürger dabei zu bringen hat, sind manchmal schwer; aber sie bedeuten nur wenig den Opfern gegenüber, die er bringen müsste, wenn er sich zu diesen Opfern weigerte und damit das größte nationale Unglück über unser Volk heraufbeschwörte. Es ist besser, zur rechten Zeit einen operativen Schnitt zu tun als zuzuwarten und die Krankheit sich erst richtig festsetzen zu lassen. (Bravo-Rufe) *Man darf aber dem Operateur, der den Schnitt tut, nicht in den Arm fallen oder ihn gar wegen Körperverletzung verklagen.* (Zwischenruf: »Niemals!«) *Er schneidet nicht, um zu töten, sondern um das Leben des Patienten zu retten!*

Wiederum muss ich hier betonen, dass, je schwerer die Opfer sind, die das deutsche Volk zu bringen hat, umso dringender die Forderung erhoben werden muss, dass sie gerecht verteilt werden. Das will auch das Volk. Niemand sträubt sich heute gegen die Übernahme von auch schwersten Kriegslasten. Aber es muss natürlich auf jeden aufreizend wirken, wenn gewisse Leute immer wieder versuchen, sich an den Lasten irgendwie vorbeizudrücken. (Unruhe) *Die nationalsozialistische Staatsführung hat die moralische, aber auch die staatspolitische Pflicht, solchen Versuchen mannhaft, unbeirrt, wenn nötig aber auch mit drakonischen Strafen entgegenzutreten!* (Heil-Rufe, starker Beifall) *Schonung wäre hier vollkommen fehl am Platze und würde allmählich wahrscheinlich zu einer Verwirrung der Gefühle und Ansichten unseres Volkes führen, die eine schwere Gefährdung unserer öffentlichen Kriegsmoral nach sich ziehen müsste.*

Wir sind somit auch gezwungen, eine Reihe von Maßnahmen zu treffen, die zwar für die Kriegführung an sich nicht von lebenswichtiger Bedeutung sind, die aber für die Aufrechterhaltung der Kriegsmoral in der Heimat und an der Front erforderlich erscheinen. Auch die Optik des Krieges, das heißt das äußere Bild der Kriegführung ist im vierten Kriegsjahr von ausschlaggebender staatspolitischer Wichtigkeit.

Die Front hat angesichts der übermenschlichen Opfer, die sie täglich zu bringen hat, ein elementares Anrecht darauf, dass auch nicht ein Einziger in der Heimat das Recht für sich in Anspruch nimmt, am Kriege und seinen Pflichten vorbeizuleben. (Unruhe) *Aber nicht nur die Front fordert das, sondern auch der weitaus überwiegende anständige Teil der Heimat.* (Bravo-Rufe, Beifall) *Die Fleißigen besitzen einen Anspruch darauf, dass, wenn sie zehn und zwölf und manchmal vierzehn Stunden täglich arbeiten, sich direkt neben ihnen nicht die Faulenzer räkeln und gar noch die Fleißigen für dumm und nicht raffiniert genug halten.* (Zustimmende Rufe, Beifall) *Die Heimat muss in der Gesamtheit sauber und intakt bleiben. Nichts darf ihr kriegsgemäßes Bild trüben.*

[15] *Es sind deshalb eine Reihe von Maßnahmen getroffen worden, die dieser neuen Optik des Krieges Rechnung tragen. Wir haben beispielsweise die Schließung der Bars und Nachtlokale angeordnet.* (Stürmische Zustimmung, Beifall, Zwischenrufe) *Ich kann mir nicht vorstellen, dass es heute noch Menschen gibt, die ihre Kriegspflichten gewissenhaft erfüllen und gleichzeitig bis tief in die Nacht in Amüsierlokalen herumsitzen.* (Zwischenruf: »Das ist was für Nichtstuer!«) *Ich muss daraus nur folgern, dass sie es mit ihren Kriegspflichten nicht allzu genau nehmen. Wir haben diese Amüsierlokale geschlossen, weil sie anfingen, uns lästig zu fallen, und das Bild des Krieges trübten.* (Zwischenruf) *Und das verträgt das Volk nicht.* (Beifall) *Wir wollen uns damit durchaus nicht etwa als Mucker betätigen. Nach dem Kriege wollen wir gern wieder nach dem Grundsatz verfahren: Leben und leben lassen.* (Beifall) *Während des Krieges aber gilt der Grundsatz: Kämpfen und kämpfen lassen!* (Bravo-Rufe, starker Beifall)

Auch Luxusrestaurants, deren Aufwand in keinem Verhältnis zum erzielten Effekt steht, sind der Schließung verfallen. (Bravo-Rufe, weitere Zwischenrufe, Unruhe) *Es mag sein,* (Zwischenruf: »Arbeiter sind keine drin!«, Gelächter) *dass der eine oder der andere auch während des Krieges noch in der Pflege des Magens eine Hauptaufgabe sieht.* (Heiterkeit) *Auf ihn können wir leider keine Rücksicht mehr nehmen. Wenn an der Front unsere kämpfenden Truppen vom Grenadier bis zum Generalfeldmarschall aus der Feldküche essen, so glaube ich, ist es nicht zu viel verlangt, wenn wir in der Heimat jeden zwingen, wenigstens auf die elementarsten Gebote des Gemeinschaftsdenkens Rücksicht zu nehmen!* (Bravo-Rufe, starker Beifall) *Feinschmecker wollen wir wieder nach dem Kriege werden.* (Heiterkeit) *Heute haben wir Wichtigeres zu tun, als den Magen zu pflegen. Auch ungezählte Luxus- und Repräsentationsgeschäfte sind mittlerweile zur Auflösung gekommen. Sie waren für das kaufende Publikum vielfach nur ein Stein des Anstoßes.* (Zwischenruf) *Zu kaufen*

[15] Konkret kündigt er die Schließung von Bars, Nachtlokalen und Luxuslokalen an, ferner die Stilllegung von »Luxus- und Repräsentationsgeschäften«, Mode- und aufwendig arbeitenden Frisiersalons. In den Ämtern solle »etwas schneller und unbürokratischer« gearbeitet werden, und zwar einfach so lange, bis die anfallenden Arbeiten erledigt seien bzw. ein Teil der Beschäftigten für kriegswichtige Arbeiten freigestellt werden könne. Es folgen einige ironische Bemerkungen über den sinnlosen Leerlauf der Bürokratie sowie gegen »alberne Arbeiten«, die vom Publikum ebenso dankbar aufgenommen werden wie seine Ausfälle gegen überflüssige Lokalitäten und Geschäfte. Auch Goebbels' Hinweis auf ein von ihm erlassenes Reitverbot für Berlin nimmt das Publikum positiv auf, desgleichen seine Tiraden gegen »einen gewissen Amüsierpöbel« in den Kurorten sowie gegen »arbeitslose Vergnügungsreisende« in den Eisenbahnen. Andererseits wolle man dem »arbeitenden Volke« seine »Entspannungsmöglichkeiten« nicht nehmen und Theater, Kinos, Musiksäle und Sportanlagen offen halten. Mit diesem »klassenkämpferischen« Ton knüpft Goebbels, wie bereits in der Rede zum 30. Januar, an seine eigene antibürgerliche Selbststilisierung an, die er vor allem in der »Kampfzeit« im damals »roten« Berlin so intensiv betrieben hatte. Die Pflege eines gewissen Sozialneids gegenüber gesellschaftlich Privilegierten war aber auch in den Jahren nach 1933 ein regelmäßig wiederkehrendes Thema in der Goebbels-Propaganda gewesen.

Die Ausführungen über eine »spartanische Lebensführung für alle« und über den Verzicht auf alles, was nach Goebbels' eigenen Worten nicht »lebenswichtig« sei, nehmen allein ein knappes Drittel seiner zweistündigen Redezeit in Anspruch.

gab es dort praktisch für den Durchschnittsmenschen kaum noch etwas, höchstens einmal, wenn man hier und da statt mit Geld mit Butter oder mit Eiern bezahlte. (Heiterkeitsausbruch, Beifall) *Was haben aber Geschäfte für einen Zweck, die keine Waren mehr verkaufen und nur elektrisches Licht, Heizung und menschliche Arbeitskraft verbrauchen, die uns anderswo, vor allem in der Rüstungsproduktion, an allen Ecken und Enden fehlen. Man wende hier nicht ein, die Aufrechterhaltung dieses Friedensscheines imponiere dem Auslande.* (Heiterkeit) *Dem Ausland imponiert am meisten ein Sieg!* (Starker Beifall)

In unserer Kampfzeit waren wir ganz arme Nazis! Und als wir gesiegt hatten, hat jeder um unsere Freundschaft gebuhlt! (Bravo-Rufe, Beifall) *Auch wenn wir in diesem Kriege einmal gesiegt haben, wird jedermann unser Freund sein wollen.* (Heiterkeit) *Würden wir aber einmal unterliegen, so könnten wir wahrscheinlich unsere Freunde an den Fingern einer Hand abzählen. Wir haben deshalb mit diesen falschen Illusionen, die das Kriegsbild verwischen, Schluss gemacht! Wir werden die Menschen, die dort untätig in den leeren Geschäften herumstehen, einer nutzbringenderen Tätigkeit in der öffentlichen Kriegswirtschaft zuführen.* (Laute Zustimmung, Beifall) *Dieser Prozess ist eben im Gange und wird bis zum 15. März abgeschlossen sein. Er stellt natürlich eine riesige Umorganisation unseres ganzen wirtschaftlichen Lebens dar, Hunderttausende von Menschen werden in Bewegung gesetzt. Wir gehen dabei nicht planlos vor, wir sind nämlich nicht nervös. Wir wollen auch niemanden zu Unrecht anklagen oder Tadel und Vorwurf nach allen Seiten verteilen. Wir tuen lediglich das, was notwendig ist. Das allerdings tuen wir schnell und gründlich.*

Wir wollen lieber ein paar Jahre geflickte Kleider tragen, als ein paar Jahrhunderte in Lumpen herumlaufen. (Bravo-Rufe, starker Beifall) *Was sollen beispielsweise heute noch Modesalons, die Licht, Heizung und menschliche Arbeitskraft verbrauchen?* (Zwischenrufe)

Sie werden nach dem Kriege, wenn wir wieder Zeit und Lust dazu haben, neu erstehen, selbstverständlich. Was sollen Frisiersalons, in denen ein Schönheitskult gepflegt wird, der ungeheuer viel Zeit und Arbeitskraft beansprucht, der für den Frieden zwar sehr schön und angenehm, für den Krieg aber doch mindestens entbehrlich ist? Unsere Frauen und Mädchen sollen sich nicht ängstigen. (Heiterkeit) *Sie werden unseren einmal siegreich heimkehrenden Soldaten auch ohne friedensmäßige Aufmachung gefallen.* (Heiterkeitsausbruch, Beifall)

In den öffentlichen Ämtern wird in Zukunft etwas schneller und unbürokratischer gearbeitet werden. Es macht durchaus keinen guten Eindruck, wenn dort beim Glockenschlag nach achtstündiger Arbeitszeit die Aktendeckel zugeklappt werden und Schluss gemacht wird. (Bravo-Rufe, Beifall, Zwischenrufe) *Nicht das Volk ist für die Ämter, sondern die Ämter sind für das Volk da.* (Bravo-Rufe, starker Beifall) *Man arbeite also nicht so lange, bis die Glocke schlägt, sondern bis die Arbeit erledigt ist.* (Bravo-Rufe) *Das ist das Gebot des Krieges. Wenn der Führer das kann, so werden seine bezahlten Diener das auch können.* (Bravo-Rufe, starker Beifall) *Ist für eine längere Arbeitszeit nicht genügend Arbeit da, so gibt man 10 oder 20 oder 30 Prozent der Mitarbeiter an die kriegswichtige Wirtschaft ab* (Einsetzender Beifall) *und stellt damit wieder eine entsprechende Anzahl von Männern für die Front frei. Das ist ja das Problem!* (Fortgesetzter stärkerer Beifall) *Das gilt für alle Dienststellen in der Heimat, zivile und militärische.* (Bravo-Rufe, Beifall) *Vielleicht wird gerade dadurch auch die Arbeit in den Ämtern etwas schneller und etwas weniger schwerfällig vor sich gehen.* (Bravo-Rufe, starker Beifall) *Wir sollen im Kriege nicht nur gründlich, sondern auch prompt arbeiten. Der Soldat an der Front hat auch nicht wochenlang Zeit, sich eine Maßnahme reiflich zu überdenken,* (Heiterkeit) *sie dann von Hand zu Hand in einem Aktendeckel weiterzugeben* (Heiterkeit) *und dann in dem Aktendeckel verstauben zu lassen.* (Gelächter) *Er muss sofort handeln, weil er sonst sein Leben verliert! Wir in der Heimat verlieren zwar durch schwerfälliges Arbeiten nicht unser eigenes Leben, aber wir gefährden das Leben des Reiches.*

Auch alberne Arbeiten, die mit dem Krieg überhaupt nichts zu tun haben, müssen bei Industrie und Verwaltung abgestellt werden. (Bravo-Rufe) *Vieles, was im Frieden schön und erstrebenswert war, wirkt im Kriege mindestens lächerlich. Wenn sich beispielsweise, wie mir berichtet wurde, in Berlin eine Reihe von Stellen wochenlang mit der Frage beschäftigen, ob man das Wort Akkumulator nicht durch das Wort Sammler ersetzen solle,* (Heiterkeitsausbruch) *und darüber umfangreiche Aktenbände angelegt werden,* (Gelächter) *so habe ich den Eindruck, und ich glaube, das deutsche Volk teilt diesen Eindruck, dass Personen, die sich im Kriege mit solchen Kindereien beschäftigen, nicht ganz ausgelastet sind und zweckmäßigerweise in eine Munitionsfabrik oder an die Front geschickt werden!* (Starke Zustimmung und Beifall)

Überhaupt müssen alle, die im Dienste des Volkes tätig sind, dem Volke in der Arbeit sowohl wie in der äußeren und inneren Haltung stets ein leuchtendes Beispiel geben. Auch an Kleinigkeiten entzündet sich manchmal der öffentliche Unmut. Es ist beispielsweise aufreizend, wenn junge Männer und Frauen morgens um 9 Uhr in Berlin durch den Tiergarten reiten. (Empörung, Beifall) *Ich denke mir manchmal, dass sie dabei vielleicht einer Arbeiterfrau begegnen, die eine zehnstündige Nachtschicht hinter sich hat und zu Hause drei oder vier oder fünf Kinder betreuen muss. Das Bild einer wie im Frieden vorbeigaloppierenden Kavalkade kann in der Seele dieser braven Arbeiterfrau nur Bitterkeit erregen.* (Rufe, Beifall) *Ich habe deshalb das Reiten auf öffentlichen Straßen und Plätzen der Reichshauptstadt für die Dauer des Krieges verboten.* (Bravo-Rufe, starker Beifall) *Ich trage auch damit, glaube ich, den psychologischen Forderungen des Krieges Rechnung* (Zwischenrufe) *und wohl auch den Forderungen der Rücksichtnahme auf die Front. Der Soldat beispielsweise, der für ein paar Tage von der Ostfront nach Hause in Urlaub fährt und in Berlin einen Tag Pause macht, wird durch den Anblick eines solchen Schauspiels einen ganz falschen Eindruck von unserer Reichshauptstadt bekommen!* (Empörte Rufe) *Er sieht ja nicht die in den Rüstungsfabriken täglich … die täglich zwölf, vierzehn und manchmal sechzehn Stunden werkenden Hunderttausende fleißiger und anständiger Arbeiter und Arbeiterinnen, sondern eine fröhliche, nichts tuende Reitgesellschaft. Was wird der für Eindrücke aus der Heimat an der Front erzählen! Überhaupt muss jeder es sich in dieser Zeit zu einem selbstverständlichen Gebot der Kriegsmoral machen, auf die berechtigten Forderungen des arbeitenden und kämpfenden Volkes die größte Rücksicht zu nehmen. Wir sind keine Spielverderber, aber wir lassen uns auch das Spiel nicht verderben.*

Wenn beispielsweise gewisse Männer und Frauen sich wochenlang in den Kurorten herumräkeln, (Empörte Rufe, Beifall) *sich dort Gerüchte zutratschen und schwer Kriegsversehrten und Arbeitern und Arbeiterinnen, die nach einjährigem, hartem Einsatz Anspruch auf Urlaub haben, den Platz wegnehmen,* (Pfui-Rufe) *so ist das skandalös und deshalb abgestellt worden.* (Bravo-Rufe, starker Beifall) *Der Krieg ist nicht die richtige Zeit für einen gewissen Amüsierpöbel.* (Zwischenrufe) *Unsere Freude bis zu seinem Ende ist die Arbeit und der Kampf, darin finden wir unsere innere seelische Genugtuung. Wer das nicht aus eigenem Pflichtgefühl versteht, der muss zu diesem Pflichtgefühl erzogen und, wenn nötig, gezwungen werden. Hier hilft nur hartes Durchgreifen!* (Bravo-Rufe, Beifall)

Es macht zum Beispiel auf das Volk keinen guten Eindruck, wenn wir mit einer Riesenpropaganda die Parole ausgeben: »Räder müssen rollen für den Sieg!«, das ganze Volk daraus die Folgerung zieht und keine unnützen Reisen antritt, dagegen aber arbeitslose Vergnügungsreisende dadurch nur mehr Platz in der Eisenbahn bekommen. (Rufe) *Die Eisenbahn dient heute kriegswichtigen Transporten und kriegsnotwendigen Geschäftsreisen! Urlaub hat nur der zu beanspruchen, der sonst in seiner Arbeits- oder Kampfkraft schwer gefährdet würde. Der Führer hat seit Beginn des Krieges und lange vorher nicht einen einzigen Tag Urlaub gehabt. Wenn also der erste Mann im Staate seine Pflicht so ernst und verantwortungsvoll auffasst, dann muss das für jeden Bürger und jede Bürgerin des Staates eine stumme, aber doch unüberhörbare Aufforderung sein, sich auch danach zu richten.*

Die Regierung tut andererseits alles, um dem arbeitenden Volke in dieser schweren Zeit die nötigen Entspannungsmöglichkeiten zu erhalten. Theater, Kinos, Musiksäle bleiben voll im Betrieb. Der Rundfunk wird bestrebt sein, sein Programm noch zu erweitern und zu vervollkommnen. Wir haben durchaus nicht die Absicht, über unser Volk eine graue Winterstimmung heraufzubeschwören. Was dem Volke dient, was seine Kampf- und Arbeitskraft erhält, stählt und vermehrt, das ist gut und kriegswichtig. Das Gegenteil ist abzuschaffen. Ich habe deshalb als Ausgleich gegen die eben geschilderten Maßnahmen angeordnet, dass die geistigen und seelischen Erholungsstätten in Zusammenarbeit mit unserem Parteigenossen Ley nicht vermindert, sondern vermehrt werden. (Bravo-Rufe, Beifall)

Das gilt auch für den Sport. Der Sport ist heute keine Angelegenheit bevorzugter Kreise. UK-Stellungen allerdings sind auf dem Sportgebiet gänzlich sinnlos. (Bravo-Rufe) *Der Sport hat doch die Aufgabe, die Körperkraft zu stählen, doch wohl in der Hauptsache zu dem Zweck, sie wenigstens in der schlimmsten Notzeit des Volkes auch zum Einsatz zu bringen.*

Das alles will auch die Front. Sie fordert mit stürmischer Zustimmung, dass das deutsche Volk in der Heimat sich mit ihr solidarisiere. Wir wollen jetzt nichts mehr hören von kriegsunwichtiger Betriebsamkeit und Wichtigtuerei. Wir wollen dafür keine Zeit und keinen Aufwand mehr anbringen. Wir wollen nichts mehr hören von einem überspannten, umständlichen Fragebogenunwesen für jeden Unsinn. Wir wollen uns nicht in tausend Kleinigkeiten verzetteln, die für den Frieden vielleicht wichtig waren, für den Krieg aber keine Bedeutung besitzen. Wir wissen jetzt, was wir zu tun haben. Das deutsche Volk will eine spartanische Lebensführung für alle, für Hoch und Niedrig und Arm und Reich. So wie der Führer dem ganzen Volke ein Beispiel gibt, so muss das ganze Volk in allen seinen Schichten sich dieses Beispiel auch zum Vorbild nehmen. Wenn er nur Arbeit und Sorgen kennt, so wollen wir ihm Arbeit und Sorgen nicht allein überlassen, sondern den Teil, den wir ihm abnehmen können, auch auf uns nehmen.

Die Zeit, die wir heute durchleben, hat in ihrer ganzen Anlage für jeden echten Nationalsozialisten eine verblüffende Ähnlichkeit mit der Kampfzeit. Da und immer fernerhin haben wir so gehandelt. Wir sind immer mit dem Volke durch dick und dünn gegangen, und darum ist das Volk auch auf allen Wegen unser Gefolgsmann gewesen. Wir haben immer mit dem Volke gemeinsam alle Lasten getragen, und deshalb schienen uns diese Lasten nicht schwer, sondern leicht zu sein. Das Volk will geführt werden! Noch niemals gab es in der Geschichte ein Beispiel dafür, dass in einer kritischen Stunde des nationalen Lebens das Volk einer tapferen und entschlossenen Führung die Gefolgschaft versagt hätte.

[16] *Ich möchte in diesem Zusammenhang auch über einige praktische Maßnahmen des totalen Krieges, die wir bereits getroffen haben, ein paar Worte verlieren. Das Problem, um das es sich handelt, lautet: Freimachung von Soldaten für die Front, Freimachung von Arbeitern und Arbeiterinnen für die Rüstungswirtschaft. Diesen beiden Zielen müssen alle anderen Bedürfnisse untergeordnet werden, selbst auf Kosten unseres sozialen Lebensniveaus während des Krieges. Das soll nicht eine endgültige Stabilisierung unseres Lebensstandards darstellen, sondern gilt nur als Mittel zum Zweck.*

Es müssen in diesem Rahmen nun Hunderttausende von UK-Stellungen in der Heimat aufgehoben werden. (Bravo-Rufe, starker Beifall) *Diese UK-Stellungen waren bisher notwendig, weil wir nicht ausreichend Fach- und Schlüsselkräfte zur Verfügung hatten, die die durch Aufhebung der UK-Stellungen leer werdenden Plätze wieder besetzen konnten. Es ist nun der Sinn der getroffenen und noch zu treffenden Maßnahmen, die dafür nötigen Arbeitskräfte zu mobilisieren. Darum geht unser Appell an die noch außerhalb der Kriegswirtschaft stehenden Männer und die bisher noch außerhalb des Arbeitsprozesses stehenden Frauen. Sie werden sich diesem Appell nicht versagen wollen und auch nicht versagen können. Die Arbeitspflicht für Frauen ist sehr weitschichtig gefasst. Das heißt aber nicht, dass nur diejenigen, die im Gesetz genannt werden, überhaupt nur arbeiten dürfen.* (Heiterkeit) *Jeder ist uns willkommen, und je mehr sich für den großen Umschichtungsprozess in der inneren Wirtschaft zur Verfügung stellen, umso mehr Soldaten können wir für die Front freimachen und umso härter kann der Führer im kommenden Sommer zuschlagen!* (Bravo-Rufe, starker Beifall)

[17] *Unsere Feinde behaupten, die deutschen Frauen seien nicht in der Lage, den Mann in der Kriegswirtschaft zu ersetzen.* (Empörte Unruhe) *Das mag für bestimmte schwere körperliche Arbeiten unserer Kriegsfertigung zutreffen. Darüber hinaus aber bin ich der Überzeugung, dass die deutsche Frau fest entschlossen ist, den Platz, den der Mann, der an die Front geht, frei macht, in kürzester Frist nicht zur*

[16] Erst dann, im letzten Drittel seiner Rede, geht Goebbels auf die eigentlich substanziellen Maßnahmen des »totalen Krieges« ein, also auf die große Umschichtung, mit der Soldaten für die Front sowie Arbeitskräfte für die Rüstungswirtschaft freigestellt werden sollen. Neben der Aufhebung sogenannter UK-Stellungen, mit denen bisher Arbeitskräfte in der Heimat für »unabkömmlich« erklärt und vor einer Einziehung geschützt worden sind, geht es hier vor allem um die Mobilisierung zusätzlicher weiblicher Arbeitskräfte.

[17] In dieser Passage der Rede setzt sich Goebbels – teilweise ironisch, teilweise ostentativ selbstsicher – mit diversen Bedenken und Schwierigkeiten auseinander, die einer Ausweitung der Frauenarbeit im Wege stünden. Frauen, so versichert er, sollten nicht für schwere körperliche Arbeiten in der Kriegsfertigung eingesetzt werden, dürften sich ihrerseits aber auch nicht der Pflicht fürs

Hälfte, sondern ganz auszufüllen. (Starker Beifall) *Wir brauchen uns da gar nicht auf bolschewistische Beispiele zu berufen. Auch in der deutschen Kriegswirtschaft sind seit Jahren schon viele Millionen bester deutscher Frauen mit größtem Erfolg tätig, und sie warten jetzt mit Ungeduld darauf, dass ihre Reihen baldigst durch neuen Zuzug vermehrt und ergänzt werden. Alle die, die sich für diese Arbeit zur Verfügung stellen, erfüllen damit nur eine Dankespflicht der Front gegenüber. Hunderttausende sind schon gekommen, Hunderttausende werden noch kommen. In kürzester Frist hoffen wir damit Armeen von Arbeitskräften frei zu machen, die ihrerseits dann wieder Armeen von kämpfenden Frontsoldaten freistellen werden!* (Bravo-Rufe, Beifall)

[18] *Ich müsste mich sehr in den deutschen Frauen täuschen, wenn ich annehmen sollte, dass sie den hiermit an sie ergehenden Appell überhören wollten. Sie werden sich nicht in engherziger Weise an das Gesetz anklammern oder gar noch versuchen, durch seine Maschen zu entschlüpfen. Ich glaube das nicht. Ich kann mir das nicht vorstellen. Im Übrigen würden die wenigen, die solche Absichten verfolgen, damit bei uns auch gar nicht landen. Ärztliche Atteste* (Starke Unruhe) *werden statt der aufgerufenen Arbeitskraft nicht entgegengenommen.* (Gelächter, starker Beifall) *Auch eine etwaige sogenannte Alibiarbeit, die man sich beim Mann oder beim Schwager oder bei einem guten Bekannten verschafft,* (Bravo-Rufe, Beifall) *um sich in Wahrheit unbeaufsichtigt weiter an der Arbeit vorbeidrücken zu können, wird von uns schon mit entsprechenden Gegenmaßnahmen beantwortet werden.* (Unruhe, Bravo-Rufe) *Die wenigen, die solche Pläne verfolgen, können sich damit in der öffentlichen Wertung nur erledigen; wir vergessen nichts, nach dem Kriege werden wir daran denken.* (Bravo-Rufe, Beifall) *Das Volk wird ihnen nur die größte Verachtung zollen. Niemand verlangt selbstverständlich, dass eine Frau, die dazu nicht die nötigen körperlichen Voraussetzungen mitbringt, in die schwere Fertigung etwa einer Panzerfabrik geht. Es gibt aber auch eine Unmenge von Fertigungen in der Kriegsindustrie, die ohne allzu starke*

Vaterland entziehen, etwa mithilfe ärztlicher Atteste oder durch die Aufnahme von Scheinarbeit; die »egoistischen, privaten Bedürfnisse« müssten hintanstehen. Indem er dann auf den Vorwurf eingeht, man wolle durch eine verstärkte Frauenarbeit den Bolschewismus nachahmen, gibt er scheinbar jenen Bedenken und Widerständen Raum, die gerade in den Mittelschichten und im Bürgertum gegen eine Ausweitung der Frauenarbeit bestehen. Der Hinweis, man könne doch erwägen, auf das Dienstmädchen zu verzichten, oder die Bemerkung, es gebe genügend Tätigkeiten, die auch Frauen aus »bevorzugteren Kreisen« leisten könnten, zeigen aber überdeutlich die eigentliche Stoßrichtung dieser Passage.

[18] Entsprechend lang fällt dann auch der Appell aus, den Goebbels an die Frauen richtet, gehe es doch um den »guten Namen«, den sich gerade die Berliner Frauen erworben hätten, um das »nationale Pflichtgebot«, um »Solidarität«. Wie diese Äußerungen deutlich machen, war Frauenarbeit, zumal in der Rüstungsindustrie, auch in Zeiten nationaler Existenzgefährdung also keineswegs selbstverständlich; hier galt es aus Goebbels' Sicht jedenfalls, noch einiges an »Überzeugungsarbeit« zu leisten. Übrigens: Das Vorhaben von Magda Goebbels, eine Arbeit bei den Telefunkenwerken aufzunehmen, wurde nie verwirklicht, die Pläne scheiterten angeblich an ihrer schlechten Gesundheit.[13] Und was Goebbels' eigene Solidarität betraf: Die Tatsache, dass er auch während des Krieges drei große Haushalte (die Dienstvilla im Zentrum, die Villa auf Schwanenwerder sowie den umfangreichen Landsitz in Lanke) unterhielt, dazu noch ein Blockhaus in Lanke, das er als sehr privates Refugium benutzte, eine zweite Villa, das »Kavaliershaus«, auf Schwanenwerder, um sich auch dort zurückziehen zu können, sowie eine Wohnung in seinem Ministerium und eine, die für ihn im Schloss Rheydt, seinem Geburtsort, bereitstand – dies alles widersprach doch etwas dem von ihm propagierten und geforderten spartanischen Geist.

körperliche Anstrengung geleistet werden können und für die sich eine Frau, auch wenn sie aus bevorzugteren Kreisen stammt, zur Verfügung stellen kann. (Zustimmung, starker Beifall)

Es wäre auch angebracht, dass Frauen, die Dienstpersonal beschäftigen, jetzt schon diese Frage einer Überprüfung unterzögen. (Unruhe, Bravo-Rufe) *Man kann sehr wohl sich selbst dem Haushalt und den Kindern widmen und sein Dienstmädchen freigeben* (Ja-Rufe, Beifall) *oder – oder den Haushalt und die Kinder dem Dienstmädchen oder der NSV* überantworten und sich dann selbst zur Arbeit melden.* (Zustimmung, Beifall) *Allerdings ist dann das Leben nicht mehr so gemütlich wie im Frieden.* (Unruhe) *Wenn der Papi nach Hause kommt, hat die Mutti nicht immer das Abendessen fertig.* (Heiterkeit) *Aber wir leben ja auch nicht im Frieden, sondern im Kriege! Gemütlich werden wir es uns wieder machen, wenn wir den Sieg in Händen haben.* (Bravo-Rufe, Beifall) *Jetzt aber müssen wir die Bequemlichkeit aufopfern, um zum Siege zu kommen!* (Unruhe)

Auch und gerade die Kriegerfrauen werden das verstehen. Sie werden es für ihre höchste Verpflichtung halten, ihren Männern draußen an der Front dadurch zur Seite zu treten, dass sie sich einer kriegswichtigen Arbeit zur Verfügung stellen. Das betrifft vor allem die Landwirtschaft. Die Frauen der Landarbeiter haben hier ein gutes Beispiel zu geben. Es gilt für alle Männer und Frauen der Grundsatz, dass es für niemanden angebracht ist, im Kriege sogar noch weniger zu tun als im Frieden. Die Arbeit muss vermehrt, nicht vermindert werden.

Man darf übrigens nicht den Fehler machen, alles, was jetzt nötig ist, auf die Regierung zu schieben. Die Regierung kann nur die großen Rahmengesetze schaffen. Den Rahmengesetzen Leben und Inhalt zu geben, das ist Aufgabe des arbeitenden Volkes; und zwar soll das unter der anfeuernden Führung der Partei geschehen. (Zögernder Beifall) *Schnelles Handeln ist hier erstes Gebot.*

---

* NSV, Nationalsozialistische Volkswohlfahrt

Über die gesetzliche Verpflichtung hinaus also gilt jetzt die Parole: Freiwillige vor!

Hier appelliere ich vor allem als Berliner Gauleiter an meine Berliner Mitbürgerinnen. Sie haben im Verlaufe dieses Krieges schon so viele edle Beispiele einer tapferen Lebensgesinnung gegeben, dass sie sich gewiss auch dieser Forderung gegenüber nicht beschämen lassen wollen. Sie haben sich durch ihre praktische Lebensart sowie durch die Frische ihrer Lebensauffassung auch im Kriege in der ganzen Welt einen guten Namen erworben. Diesen guten Namen gilt es jetzt durch eine großzügige Handlungsweise zu erhalten und zu verstärken. Wenn ich also meine Berliner Mitbürgerinnen aufrufe, sich schnell, prompt und ohne viele Einwendungen einer kriegswichtigen Arbeit zur Verfügung zu stellen, so weiß ich, dass alle diesem Appell Folge leisten werden. (Beifall) *Wir wollen jetzt nicht mehr –* (Fortgesetzter Beifall) *wir wollen jetzt nicht mehr über die Schwere der Zeit klagen oder uns einander etwas vorräsonieren, wir wollen, wie das nicht nur Berliner, sondern deutsche Art ist, zupacken, handeln, die Initiative ergreifen, selbst etwas tuen und nicht alles den anderen zu tuen überlassen.*

Welche deutsche Frau wollte es übers Herz bringen, sich einem solchen Appell, den ich vor allem für die kämpfende Front an die deutsche Frauenwelt richte, zu entziehen? Wer wollte jetzt eine spießige Bequemlichkeit über das nationale Pflichtgebot stellen? Wer wollte jetzt noch angesichts der schweren Bedrohung, der wir alle ausgesetzt sind, an seine egoistischen, privaten Bedürfnisse denken und nicht an die über alledem stehenden Notwendigkeiten des Krieges?

Ich weise mit Verachtung den Vorwurf, den uns unsere Feinde machen, dass das eine Nachahmung des Bolschewismus sei, zurück. Wir wollen den Bolschewismus nicht nachahmen – genauso wenig wie in der Kampfzeit –, sondern wir wollen ihn besiegen. Die deutsche Frau wird das am ehesten verstehen, denn sie hat längst erkannt, dass der Krieg, den heute unsere Männer führen, ein Krieg vor allem zum Schutze ihrer Kinder ist. Ihr heiligstes Gut wird also in diesem Kriege durch den Einsatz des kostbarsten Blutes unseres Volkes beschirmt. Mit diesem Kampf der Männer muss die deutsche Frau auch nach außen hin spontan ihre Solidarität bekunden. Sie muss sich lieber morgen als übermorgen in die Reihen der Millionen schaffender Angestellten und Arbeiterinnen einreihen und das Heer der arbeitenden Heimat auch durch ihre eigene Person vermehren. (Zwischenruf: »An die Front!«) *Es muss wie ein Strom der Bereitschaft durch das deutsche Volk gehen. Ich erwarte, dass sich ungezählte Frauen und vor allem auch Männer, die bisher noch keine kriegswichtige Arbeit tuen, bei den Meldestellen melden. Wer sich schnell gibt, der gibt sich doppelt.*

[19] *Daneben vollziehen sich eine Reihe von großzügigen Zusammenlegungen in unserer allgemeinen Wirtschaft, die ja bereits durch die Presse näher erläutert worden sind. Ich weiß, dass große Teile unseres Volkes dabei schwere Opfer bringen müssen. Wir haben Verständnis für diese Opfer, und die Volksführung ist bemüht, sie auf ein Mindestmaß zu beschränken. Aber ein gewisser Rest wird leider übrig bleiben, der getragen werden muss. Nach dem Kriege werden wir das, was wir heute auflösen, größer und schöner denn je wieder aufbauen, und der Staat wird dazu seine helfende Hand leihen.*

Ich wende mich eindringlich gegen die Behauptung, dass mit unseren Maßnahmen etwa eine Stilllegung des Mittelstandes oder eine Monopolisierung unserer Wirtschaft bezweckt würde. Nach dem Kriege wird der Mittelstand sofort wieder in größtem Umfange wirtschaften und sozial wiederhergestellt.

Die augenblicklichen Maßnahmen sind ausschließlich Notmaßnahmen für die Kriegszwecke und Kriegsbedürfnisse. Sie streben nicht eine strukturelle Veränderung der Wirtschaft an, sondern sind lediglich auf das Ziel des totalen Sieges eingestellt.

Ich streite nicht ab, dass uns auch angesichts der Durchführung der eben geschilderten Maßnahmen noch sorgenvolle Wochen bevorstehen werden. Aber damit schaffen wir jetzt endgültig Luft. Wir stellen diese Maßnahmen auf die Aktionen des kommenden Sommers

[19] In seiner Rede kommt Goebbels anschließend auf einen weiteren Hauptpunkt des geplanten Maßnahmenbündels zu sprechen, nämlich auf die »großzügigen Zusammenlegungen in unserer allgemeinen Wirtschaft«. Damit meint er die Stilllegung vor allem kleinerer Betriebe. Auch hier gibt er die Bedenken wieder, wie sie in weiten Teilen des Mittelstandes bestanden, indem er sich gegen die Behauptung wendet, es sei so etwas wie eine »Stilllegung des Mittelstandes« oder eine »Monopolisierung unserer Wirtschaft« beabsichtigt. Es handele sich lediglich um »Notmaßnahmen«, eine »strukturelle Veränderung der Wirtschaft« sei nicht geplant.

ein und begeben uns heute, ohne den Drohungen und Großsprechereien des Feindes irgendeine Beachtung zu schenken, an die Arbeit. Ich bin glücklich, dieses Programm des Sieges einem deutschen Volke vortragen zu dürfen, das diese Maßnahmen nicht nur willig auf sich nimmt, sondern sie fordert, und zwar dringender, als das je im Verlaufe dieses Krieges der Fall gewesen ist. (Beifall) *Das Volk will, dass durchgreifend und schnell gehandelt wird. Wir müssen den Augenblick und die Stunde nützen, damit wir vor kommenden Überraschungen gesichert sind.*

[20] *Wir haben uns in den vergangenen Jahren oft in unseren Zeitungen und Reden auf das friderizianische Beispiel berufen. Wir hatten eigentlich gar keine Berechtigung dazu. Friedrich II. stand im Dritten Schlesischen Krieg zeitweilig mit fünf Millionen Preußen, wie Schlieffen berechnet, 90 Millionen Feinden gegenüber. Im zweiten der sieben höllischen Jahre erlitt er eine Niederlage, die den ganzen preußischen Staat ins Wanken brachte. Er hatte niemals genug Soldaten, niemals genug Waffen, um seine Schlachten ohne größtes Risiko zu schlagen. Er trieb seine Strategie immer als ein System der Aushilfen, aber er verfolgte dabei den Grundsatz, den Feind anzugreifen, wo sich ihm eine Gelegenheit dazu bot, und ihn zu schlagen, wo er sich ihm stellte. Dass er Niederlagen erlitt, das ist nicht entscheidend. Entscheidend ist vielmehr, dass der große König in allen Schicksalsschlägen ungebrochen blieb, dass er unerschütterlich das schwankende Kriegsglück auf sich nahm und sein ehernes Herz jede Gefahr überwand. Am Ende der sieben Jahre stand er, zwar nur einundfünfzigjährig, aber doch schon der »Alte Fritz«, ein zahnloser, gichtkranker und von tausend Schmerzen gepeinigter Greis, doch als Sieger auf dem verwüsteten Schlachtfeld. Woher nehmen wir vorläufig die Berechtigung, uns auf ihn zu berufen? Wir wollen doch höchstens nur den Willen und die Entschlusskraft, es ihm, wenn die Stunde es einmal gebieten sollte, gleichzutuen, aufbringen. Auch wir wollen unerschütterlich bleiben in allen Fügungen des Schicksals und wollen*

[20] Relativ unvermittelt folgt nun ein historischer Rückblick, in dem Goebbels auf das »friderizianische Beispiel« eingeht: Der »Alte Fritz« habe sich im Siebenjährigen Krieg nach der verlorenen Schlacht bei Kunersdorf eigentlich in aussichtsloser Lage befunden, sei aber trotzdem »ungebrochen« und »unerschütterlich« geblieben und habe den Krieg letztlich als Sieger beendet.

Die nationalsozialistische Propaganda hatte in den vorangegangenen Jahren den Mythos um Friedrich den Großen eifrig gepflegt, zuletzt mit dem aufwendigen Spielfilm *Der Große König*, der den Durchhaltewillen Friedrichs nach der verlorenen Schlacht in den Vordergrund stellte. Der Film war im Frühjahr 1942 angelaufen, und Goebbels hatte die Gelegenheit genutzt, um Hitler in einer Rede anlässlich von dessen 53. Geburtstag mit dem Preußenkönig zu vergleichen, führe er doch wie das historische Vorbild einen »Titanenkampf« um »das Leben unseres Volkes«.[14] Damit hatte Goebbels eine Umstellung der offiziellen Führerpropaganda eingeleitet, die notgedrungen der verschärften Kriegssituation Rechnung trug: Es ging nun nicht mehr darum, das Charisma des erfolgreichen Volksführers, Staatsmanns und Feldherrn zu feiern, sondern darum, Hitler als eine heroische Gestalt zu zeigen, die sich, von schwerer Verantwortung gebeugt, zäh gegen die drohende Niederlage stemmte. Die Propaganda *wie er auch unter den ungünstigsten Umständen den Sieg herbei zuzwingen versuchen und niemals an der großen Sache, die wir verfechten, verzweifeln.*

[21] *Ich gebe meiner tiefen Überzeugung Ausdruck, dass das deutsche Volk durch den Schicksalsschlag von Stalingrad innerlich tief geläutert worden ist. Es hat dem Krieg in sein hartes und erbarmungsloses Antlitz hineingeschaut. Es weiß nun die grausame Wahrheit und ist entschlossen, mit dem Führer durch dick und dünn zu gehen.* (Bravo-Rufe, Beifall, Zwischenrufe)

An unserer Seite stehen treue und zuverlässige Bundesgenossen. (Beifall, Bravo-Rufe) *Das italienische Volk* (Bravo-Rufe, starker Beifall) *wird mit uns unter der Führung seines großen Duce unbeirrt den Weg zum Siege fortsetzen.* (Bravo-Rufe, Beifall) *Die faschistische Lehre hat es reif gemacht für alle großen Schicksalsproben. In Ostasien fügt das tapfere japanische Volk* (Bravo-Rufe, starker Beifall) *der angelsächsischen Kriegsmacht Schlag über Schlag zu. Drei Welt- und Großmächte zusammen mit ihren Verbündeten führen den Kampf gegen die plutokratische Tyrannei. Was kann uns geschehen, wenn wir uns den harten Proben dieses Krieges mit fester Entschlossenheit unterziehen? An der Sicherheit unseres Sieges gibt es keinen Zweifel!* (Bravo-Rufe, starker und anhaltender Beifall) *Während unsere Fronten im Osten ihre gigantischen Abwehrschlachten schlagen gegen den Ansturm der Steppe, rast der Krieg unserer U-Boote über die Weltmeere.*

konnte folglich nicht mehr den »Führer« als die von den Massen umjubelte und in den Medien omnipräsente Siegerfigur herausstellen, sondern stand nun vor der Aufgabe, den Mythos um das angeblich weiterhin vorhandene Führungspotenzial des offensichtlich in die Jahre gekommenen Heroen zu pflegen und damit auch der Tatsache Rechnung zu tragen, dass dieser öffentlich kaum noch präsent war.

Dabei nahm Goebbels in Kauf, dass er mit dem Bild des trotz seiner gerade mal 51 Jahre schon etwas greisenhaft wirkenden Königs die Aufmerksamkeit auf die Verfassung des nur zwei Jahre älteren, ebenfalls körperlich hinfälligen Hitler lenkte.

[21] Sodann versucht Goebbels in der Rede, Stalingrad als eine Art moralischer Selbstreinigung hinzustellen, indem er das deutsche Volk als durch Stalingrad »innerlich tief geläutert« bezeichnet. Das anschließende Lob für die Verbündeten fällt recht unterschiedlich aus: Während Goebbels das italienische Volk auf dem gemeinsamen »Weg zum Siege« sieht, konstatiert er – unter etwas stärkerem Beifall –, dass das »tapfere japanische Volk« den gemeinsamen Kriegsgegnern »Schlag über Schlag« zufüge.

Der feindliche Tonnageraum erleidet Einbußen, die auch durch künstlich noch so hochgeschraubte Ersatz- und Neubauten bei Weitem nicht wieder wettgemacht werden können. (Bravo-Rufe, Beifall) *Im Übrigen aber wird der Feind uns im kommenden Sommer wieder in alter Offensivkraft kennenlernen!* (Laute Zustimmung und starker Beifall) *Das deutsche Volk ist entschlossen, dem Führer dazu unter Aufbietung all seiner Energien die nötigen Möglichkeiten zu verschaffen.* (Bravo-Rufe, Beifall) *Das ist die Aufgabe der Stunde.*

[22] *Ich komme zum Schluss.*

In diesen Tagen hat sich die englische und amerikanische Presse sehr ausgiebig mit der Haltung des deutschen Volkes in der gegenwärtigen Krise befasst. Die Engländer kennen das deutsche Volk nach ihren Angebereien bekanntlich viel besser als wir, seine Führung. Sie geben uns scheinheilig Ratschläge, was wir zu tuen und zu lassen hätten, immer in der irrigen Ansicht, das deutsche Volk von heute gleiche dem deutschen Volk vom November 1918. (Zwischenruf: »Niemals!«) *Dieses Volk ist 1918 auf die englischen Verführungskünste hereingefallen. Ich habe es nicht nötig, gegen diese Annahme den Gegenbeweis zu führen. Der Gegenbeweis wird vom kämpfenden und arbeitenden deutschen Volke jeden Tag aufs Neue geführt.*

Ich möchte aber zur Steuer der Wahrheit an euch, meine deutschen Volksgenossen und Volksgenossinnen, eine Reihe von Fragen richten, die ihr mir nach bestem Wissen und Gewissen beantworten müsst. Als mir meine Zuhörer auf meine Forderungen vom 30. Januar spontan ihre Zustimmung bekundeten, behauptete die englisch-amerikanische – das heißt die jüdische – Presse am anderen Tag, das sei ein Propagandatheater gewesen und entspreche … (Empörung, Pfui-Rufe) *und entspreche in keiner Weise der wahren Stimmung des deutschen Volkes, die die Juden besser kennen als wir.* (Empörte Rufe) *Ich habe nun heute zu dieser Versammlung einen Ausschnitt des ganzen deutschen Volkes im besten Sinne des Wortes eingeladen. Vor mir sitzen reihenweise deutsche Verwundete von der Ostfront,* (Aufbrausender Beifall) *Bein- und*

[22] Bevor Goebbels am Schluss der Rede seine berüchtigten zehn Fragen an das Publikum richtet, behauptet er apodiktisch, die im Sportpalast versammelten Menschen stellten »einen Ausschnitt des ganzen deutschen Volkes im besten Sinne des Wortes« dar. Er spricht die im Saal vertretenen Frontsoldaten und Verwundeten, die Angehörigen verschiedener Berufsgruppen, Frauen, Junge und Alte usw. an und lässt sich von den Zuhörern im Saal bestätigen, dass hier »ein Ausschnitt aus dem ganzen deutschen Volke an der Front und in der Heimat« versammelt sei. Allerdings fügt er die Einschränkung »Juden sind hier nicht vertreten« hinzu, was mit heftigem Beifall und »Juden raus!«-Zwischenrufen quittiert wird. Wie die Reaktionen auf die Veranstaltung zeigen werden, ist dieser Versuch Goebbels', die Anwesenden – im Kern das bei Sportpalastkundgebungen übliche Stammpublikum nationalsozialistischer Aktivisten – zu authentischen Repräsentanten des deutschen Volkes zu erklären und das anschließende Frage-Antwort-Spiel in den Rang eines Plebiszits zu erheben, allerdings ein allzu durchsichtiges Propagandamanöver.

Armamputierte … (Fortgesetzter starker Beifall) *Bein- und Armamputierte mit zerschossenen Gliedern, Kriegsblinde, die mit ihren Rote-Kreuz-Schwestern gekommen sind, Männer in der Blüte ihrer Jahre, die vor sich ihre Krücken stehen haben. Dazwischen zähle ich an die fünfzig Träger des Eichenlaubes und des Ritterkreuzes,* (Heil-Rufe, starker Beifall, Rufe) *eine glänzende Abordnung unserer kämpfenden Front!* (Beifall) *Hinter ihnen erhebt sich ein Block von Rüstungsarbeitern und -arbeiterinnen aus den Berliner Panzerwerken!* (Laute Rufe, starker Beifall) *Wieder hinter ihnen sitzen Männer aus der Parteiorganisation, Soldaten aus der kämpfenden Wehrmacht, Ärzte, Wissenschaftler, Künstler, Ingenieure und Architekten, Lehrer, Beamte und Angestellte aus den Ämtern und Büros, eine stolze Vertreterschaft unseres geistigen Lebens in all seinen Schichtungen, dem das Reich gerade jetzt im Kriege Wunder der Erfindung und des menschlichen Genies verdankt.* (Zögernder Beifall) *Über das ganze Rund des Sportpalastes verteilt sehe ich Tausende von deutschen Frauen.* (Bravo-Rufe, Beifall) *Die Jugend ist hier vertreten und das Greisenalter. Kein Stand, kein Beruf und kein Lebensjahr blieb bei der Einladung unberücksichtigt. Ich kann also mit Fug und Recht sagen: Was hier vor mir sitzt, ist ein Ausschnitt aus dem ganzen deutschen Volk an der Front und in der Heimat! Stimmt das?* (Ja-Rufe, laute Zustimmung und starker Beifall) *Allerdings: Juden sind hier nicht vertreten!* (Starker Beifall, Rufe: »Juden raus!«)

[23] *Ihr also, meine Zuhörer, repräsentiert in diesem Augenblick für das Ausland die Nation. Und an euch möchte ich zehn Fragen richten, die ihr mit dem deutschen Volke vor der ganzen Welt, insbesondere aber vor unseren Feinden, die uns auch in dieser Stunde an ihrem Rundfunk zuhören, beantworten müsst. Wollt ihr das?* (Laute Ja-Rufe)

Die Engländer behaupten, das deutsche Volk habe den Glauben an den Sieg verloren. (Lautstarke Ablehnung, größte Aufregung)

Ich frage euch: Glaubt ihr mit dem Führer und mit uns an den endgültigen totalen Sieg der deutschen Waffen? (Stürmische Zustimmung, Rufe, mehrfache Sieg-Heil-Rufe)

[23] Für sein Frage-Antwort-Ritual holt Goebbels zunächst die Zustimmung des Publikums ein (»Wollt ihr das?«). Die daran anschließenden zehn Fragen leitet er dann stets mit der Formel »Ich frage euch« ein, wobei er den ersten fünf Fragen jeweils eine angebliche Propagandabehauptung der »Engländer« über »das deutsche Volk« voranstellt. Auch dieser Fragenkatalog ist, wie die gesamte Rede, als Klimax angelegt.

In den sich inhaltlich überschneidenden Fragen eins bis drei lässt sich Goebbels vom Publikum dessen Glauben an den Sieg und die volle Einsatzbereitschaft für den Sieg bestätigen, um

Ich frage euch: Seid ihr entschlossen, dem Führer in der Erkämpfung des Sieges durch dick und dünn und unter Aufnahme auch der schwersten persönlichen Belastungen zu folgen? (Lautes »Ja!«, starke Zustimmung, große Erregung, mehrfache Sieg-Heil-Rufe)

Zweitens: Die Engländer behaupten, das deutsche Volk sei des Kampfes müde. (Nein-Rufe, lautstarke Ablehnung)

Ich frage euch: Seid ihr bereit, mit dem Führer als Phalanx der Heimat hinter der kämpfenden Wehrmacht stehend diesen Kampf mit wilder Entschlossenheit und unbeirrt durch alle Schicksalsfügungen fortzusetzen, bis der Sieg in unseren Händen ist? (Lautes »Ja!«, Beifallskundgebungen)

Drittens: Die Engländer behaupten, das deutsche Volk hat keine Lust mehr, sich der überhandnehmenden Kriegsarbeit, die die Regierung von ihm fordert, zu unterziehen. (Empörte Zurückweisung)

Ich frage euch, Soldaten, Arbeiter und Arbeiterinnen: Seid ihr und ist das deutsche Volk entschlossen, wenn der Führer es einmal in der Notzeit befehlen sollte, zehn, zwölf, wenn nötig vierzehn und sechzehn Stunden täglich zu arbeiten und das Letzte für den Sieg herzugeben? (Stürmische Ja-Rufe, Beifall)

Viertens: Die Engländer behaupten, das deutsche Volk wehrt sich gegen die totalen Kriegsmaßnahmen der Regierung. (Empörte Rufe) *Es will nicht den totalen Krieg, sagen die Engländer, sondern die Kapitulation.* (Lautstarke Ablehnung, Rufe: »Niemals!«)

Ich frage euch: Wollt ihr den totalen Krieg? (Ja-Rufe und starker, anhaltender Beifall, Rufen) *Wollt ihr ihn, wenn nötig, totaler und radikaler, als wir ihn uns heute überhaupt erst vorstellen können?* (Ja-Rufe, Beifall)

Fünftens: Die Engländer behaupten, das deutsche Volk hat sein Vertrauen zum Führer verloren. (Empörter Aufschrei, Durcheinanderrufen, äußerste Erregung, Sieg-Heil-Rufe)

Ich frage euch … (Sprechchöre: »Führer befiehl, wir folgen!«, Heil-Rufe) *ich frage euch: Vertraut ihr dem Führer?* (Lebhafteste dann mit der begeisterten Zustimmung zur vierten Frage, der nach dem »totalen Krieg«, eine Art Zwischenergebnis zu erreichen. Mit der Frage fünf baut er diese Position aus, indem er beim Publikum das unbegrenzte Vertrauen zum Führer abfragt, das bereits in den Fragen eins bis drei eine Rolle gespielt hat.

Nachdem Goebbels seine Zuhörer so auf die konkrete Umsetzung des »totalen Krieges« eingeschworen hat, lässt er sich mit den Fragen sechs bis zehn vom Publikum die Zustimmung zum vollen Einsatz für die Waffenproduktion geben, außerdem zur unbedingten Unterstützung der Front durch die Heimat, zur Mobilisierung der Frauen, zur strengsten Bestrafung von »Drückebergern und Schiebern« sowie zur solidarischen Verteilung von »Rechten und Pflichten« auf alle Schultern.

Zustimmung) *Ist eure Bereitschaft, ihm auf allen seinen Wegen zu folgen und alles zu tuen, was nötig ist, um den Krieg zum siegreichen Ende zu führen, eine absolute und uneingeschränkte?* (Ja-Rufe)

Ich frage euch als Sechstes: Seid ihr von nun ab bereit, eure ganze Kraft einzusetzen und der Ostfront, unseren kämpfenden Vätern und Brüdern, die Menschen und Waffen zur Verfügung zu stellen, die sie brauchen, um den Bolschewismus zu besiegen? Seid ihr dazu bereit? (Ja-Rufe, starker Beifall, Zwischenrufe)

Ich frage euch als Siebentes: Gelobt ihr mit heiligem Eid der Front, dass die Heimat mit starker, unerschütterlicher Moral hinter der Front steht und ihr alles geben wird, was sie zum Siege nötig hat? (Ja-Rufe, starker Beifall)

Ich frage euch achtens: Wollt ihr, insbesondere ihr Frauen selbst, dass die Regierung dafür sorgt, dass auch die letzte Arbeitskraft auch der Frau der Kriegführung zur Verfügung gestellt wird (Einzelne Ja-Rufe) *und dass die Frau überall da, wo es nur möglich ist, einspringt, um Männer für die Front frei zu machen? Wollt ihr das?* (Ja-Rufe, starker Beifall)

Ich frage euch neuntens: Billigt ihr, wenn nötig, die radikalsten Maßnahmen gegen einen kleinen Kreis von Drückebergern und Schiebern, (Ja-Rufe, starker Beifall, fortgesetzte Rufe) *die mitten im Kriege Frieden spielen wollen und die Not des Volkes zu eigensüchtigen Zwecken ausnutzen?* (Rufe: »Aufhängen!«, Geschrei) *Seid ihr damit einverstanden, dass, wer sich am Kriege vergeht, den Kopf verliert?* (Ja-Rufe, starker Beifall)

Und nun frage ich euch zehntens und zuletzt: Wollt ihr, dass, wie das nationalsozialistische Parteiprogramm das vorschreibt, gerade im Kriege gleiche Rechte und gleiche Pflichten vorherrschen, (Zustimmende Rufe) *dass die Heimat die schwersten Belastungen des Krieges solidarisch auf ihre Schultern nimmt und dass sie für Hoch und Niedrig und Arm und Reich in gleicher Weise verteilt werden? Wollt ihr das?* (Ja-Rufe, stürmischer Beifall)

Ich habe euch gefragt, und ihr habt mir eure Antwort nicht vorenthalten. Ihr seid ein Stück Volk, durch euren Mund hat sich die Stellungnahme des Volkes manifestiert. (Rufe) *Ihr habt unseren Feinden das zugerufen, was sie wissen müssen, damit sie sich keinen Illusionen und falschen Vorstellungen hingeben.* (Zwischenrufe)

[24] *Somit sind wir, wie von der ersten Stunde unserer Macht an und durch all die zehn Jahre hindurch, fest und brüderlich mit dem deutschen Volk vereint. Der mächtigste Bundesgenosse, den es auf dieser Welt gibt, das Volk selbst, steht hinter uns und ist entschlossen, mit dem Führer, koste es, was es wolle, und unter Aufnahme auch der schwersten Opfer den Sieg kämpfend zu erstreiten!* (Bravo-Rufe, starker Beifall)

Ich stehe hier vor euch nicht nur als Sprecher der Regierung, sondern auch als Sprecher des Volkes. Um mich herum sitzen meine alten Freunde aus der Partei, die hohe Ämter in der Führung von Volk und Staat bekleiden. Neben mir sitzt Parteigenosse Speer, (Heil-Rufe, Beifall) *der vom Führer den geschichtlichen Auftrag erhalten hat, die deutsche Rüstungswirtschaft zu mobilisieren und der Front Waffen in Hülle und Fülle zu liefern. Neben mir sitzt Parteigenosse Dr. Ley,* (Heil-Rufe, Beifall) *der vom Führer den Auftrag erhalten hat, die Führung der deutschen Arbeiterschaft durchzuführen und sie in unermüdlichem Einsatz für ihre Kriegspflichten zu schulen und zu erziehen. Wir fühlen uns verbunden mit unserem Parteigenossen Sauckel, der vom Führer den Auftrag erhalten hat,* (Langsam aufkommender Beifall) *ungezählte Hunderttausende von Arbeitskräften ins Reich zu bringen. Darüber hinaus aber sind mit uns vereinigt alle Führer der Partei, der Wehrmacht und des Staates.*

[25] *Wir alle, Kinder unseres Volkes, zusammengeschweißt mit dem Volke in der größten Schicksalsstunde unserer nationalen Geschichte, wir geloben euch, wir geloben der Front, und wir geloben dem Führer, dass wir die Heimat zu einem Willensblock zusammenschweißen wollen, auf den sich der Führer und seine kämpfenden Soldaten unbedingt und blindlings verlassen können.* (Bravo-Rufe, starker Beifall) *Wir verpflichten uns, in unserem Leben und Arbeiten alles zu tuen, was zum Siege nötig ist. Unsere Herzen wollen wir erfüllen mit jener politischen Leidenschaft, die uns immer in den großen Kampfzeiten der Partei und des Staates wie ein ewig brennendes*

[24] In seinem Schlussappell zieht Goebbels zunächst sein Fazit aus dem Frage-Antwort-Ritual: »Durch euren Mund hat sich die Stellungnahme des Volkes manifestiert.« Das Volk selbst sei es, das zusammen mit dem »Führer« um jeden Preis für den Sieg kämpfen wolle. Sodann betont er die Volksverbundenheit der nationalsozialistischen Führung und richtet einige Worte an die im Saal anwesenden Speer, Ley und Sauckel.

[25] Es folgen ein an die »Front« und an den »Führer« gerichtetes Gelöbnis, unbedingt zusammenstehen zu wollen, ein Appell an die »politische Leidenschaft« und eine Absage an jedwede »Objektivitätsduselei«, ein Schlagwort, das von der NS-Propaganda immer dann bemüht wurde, wenn es darum ging, eine sachliche Abwägung von Argumenten zu verhindern. Nachdem Goebbels erneut die Siegeszuversicht beschworen und ein abermaliges Treuebekenntnis zum »Führer« abgelegt hat, wählt er als Schlusssatz eine abgewandelte Zeile aus einem Gedicht von Theodor Körner, der seinerzeit für seine patriotischen

Feuer verzehrte. Nie wollen wir in diesem Kriege jener falschen und scheinheiligen Objektivitätsduselei verfallen, die der deutschen Nation in ihrer Geschichte schon so viel Unglück gebracht hat.

Als dieser Krieg begann, haben wir unsere Augen einzig und allein auf die Nation gerichtet. Was ihr und ihrem Lebenskampf dient, das ist gut und muss erhalten und gefördert werden. Was ihr und ihrem Lebenskampfe schadet, das ist schlecht und muss beseitigt und abgeschnitten werden. Mit heißem Herzen und kühlem Kopf wollen wir an die Bewältigung der großen Probleme dieses Zeitabschnittes des Krieges herantreten. Wir beschreiten damit den Weg zum endgültigen Sieg. Er liegt begründet im Glauben an den Führer! (Heil-Rufe, starker Beifall) *Er erwartet von uns eine Leistung, die alles bisher Dagewesene in den Schatten stellt. Wir wollen uns seiner Forderung nicht versagen. Wie wir stolz auf ihn sind, so soll er stolz auf uns sein können.*

In den großen Krisen und Erschütterungen des nationalen Lebens erst bewähren sich die wahren Männer, aber auch die wahren Frauen. Da hat man nicht mehr das Recht, vom schwachen Geschlecht zu sprechen, da beweisen beide Geschlechter die gleiche wilde Kampfentschlossenheit und Seelenstärke. Die Nation ist dazu bereit. Der Führer hat befohlen, wir werden ihm folgen. Wenn wir je treu und unverbrüchlich an den Sieg geglaubt haben, dann in dieser Stunde der nationalen Besinnung und der inneren Aufrichtung. Wir sehen ihn greifbar nahe vor uns liegen; wir müssen nur zufassen! Wir müssen nur die Entschlusskraft aufbringen, alles seinem Dienst unterzuordnen. Das ist das Gebot der Stunde. Und darum lautet von jetzt ab die Parole:

Nun Volk steh' auf, und Sturm brich los! (Heil-Rufe und Beifall, Sieg-Heil-Chöre)

Gedichte aus der Zeit der antinapoleonischen Freiheitskriege bekannt ist. Goebbels spielt hier unverkennbar auf die Volksmobilisierung an, zu der das damalige Königreich Preußen im Krieg gegen die französischen Besatzer 1813 aufgerufen hatte. Nur wenige Monate später wird er dem Regisseur Veit Harlan den Auftrag erteilen, einen »Großfilm« zu drehen, der mit ebendiesem Aufruf durch den noch zögernden König beginnt und als historisches Vorbild den zum heroischen Kampf stilisierten Widerstand der Bürger der preußischen Stadt Kolberg gegen die napoleonischen Eroberer zum Thema hat.

Das Absingen des Deutschlandliedes sowie des Horst-Wessel-Liedes beschließt die Veranstaltung.

3

Nach der Rede

Am Tag nach der Rede im Sportpalast hielt Goebbels in seinem Tagebuch seine Eindrücke von der Veranstaltung fest: »Die Stimmung gleicht der einer wilden Raserei des Volkes. Das Publikum setzt sich aus allen Schichten des Volkes zusammen, von der Regierung angefangen bis zum unbekannten Munitionsarbeiter.« Vor lauter Begeisterung über den eigenen Erfolg sah er offenkundig über den Umstand hinweg, dass er selbst dafür gesorgt hatte, dass das Publikum sorgfältig aus Parteigängern der NSDAP zusammengestellt worden war. Goebbels fuhr fort: »Meine Rede hinterläßt den allertiefsten Eindruck. Sie wird schon in den Anfangspassagen dauernd von stürmischem Beifall unterbrochen. Die Reaktion des Publikums ist gar nicht zu beschreiben. Niemals sah der Sportpalast so turbulente Szenen wie zum Schluß, da ich an das Publikum meine zehn Fragen richtete. Sie werden mit Stürmen der Zustimmung beantwortet.«

Er gab sich überzeugt, dass die Veranstaltung »nicht nur auf das Reich, sondern auch auf das neutrale und sogar auf das feindliche Ausland einen tiefen Eindruck machen wird«. Es seien fast »das gesamte Reichskabinett, eine ganze Anzahl von Reichs- und Gauleitern und fast alle Staatssekretäre« präsent gewesen; »kurz und gut, diese Versammlung stellt einen Querschnitt durch das ganze deutsche Volk dar. Ich bin, glaube ich, rednerisch sehr gut in Form und bringe die Versammlung in einen Zustand, der einer totalen geistigen Mobilmachung gleicht. Der Schluß der Versammlung geht in einem Tohuwabohu von rasender Stimmung unter.« Sein politisches Fazit war somit klar: »Das Volk ist, wie diese Kundgebung beweist, bereit, alles für den Krieg und für den Sieg hinzugeben. Wir brauchen jetzt nur zuzugreifen.«[1]

Im Anschluss an die Veranstaltung lud Goebbels einige der prominenten Zuhörer zu einer Party in seine Villa ein und überzeugte sich davon, dass einflussreiche Persönlichkeiten wie Görings Staatssekretär Milch, Speer, Ley, Innenstaatssekretär Stuckart, Justizminister Thierack oder der für den Vierjahresplan verantwortliche Staatssekretär Körner seine Pläne unterstützten. Solche Einladungen, räsonierte er, sollte er doch öfters organisieren, um »damit eine gewisse Führungsstellung für den Berlin Gauleiter« zu festigen. Dies sei »unbedingt notwendig, da jetzt bei der Abwesenheit des Führers aus Berlin eigentlich eine zentrale politische Führung fehlt«.[2]

Selbst von der Reaktion seiner zwei Töchter war er recht angetan: Beide, Hilde und Helga, seien »ganz tief beeindruckt« gewesen: »Besonders Helga hat, obschon sie nicht alles aus meiner Rede verstand, dieses Erlebnis ganz in sich aufgenommen. Ich freue mich, daß unsere Kinder schon in so jungen Jahren in die Politik hineingeführt werden.«

Alles war demnach wie geplant gelaufen, und so hielt er als Resümee dieses Tages fest: »Es wird vielfach am Abend die Meinung vertreten, daß diese Versammlung eine Art von stillem Staatsstreich darstellt. Wir sind einfach über die Hürden, die die Bürokratie vor uns aufgebaut hatte, hinweggesprungen. Der totale Krieg ist jetzt nicht mehr eine Sache weniger einsichtiger Männer, sondern er wird jetzt vom Volke getragen.«

In den folgenden Tagen berauschte sich Goebbels förmlich an dem Medienecho im In- und Ausland. Die Rede sei »eine Sensation erster Klasse und nimmt die Schlagzeilen und die ersten Seiten wohl sämtlicher Zeitungen in der Welt für sich in Anspruch«. Die stärksten Kommentierungen, hielt er stolz fest, »kommen aus dem befreundeten und verbündeten Ausland«, was im Grunde ja nicht verwunderlich war. Ein »großes Echo« habe er außerdem in einer Reihe neutraler Staaten erzielt. Aus der regelmäßigen Telefonüberwachung in Berlin ansässiger Journalisten aus diesen Ländern wollte er zudem entnehmen, dass man auch in diesen Kreisen höchst beeindruckt sei. Am Abend des 19., so konstatierte er, »schwillt der Widerhall zu meiner Rede zu einem wahren Riesenecho« an. Hatte er die ersten polemischen Reaktionen aus Großbritannien zunächst noch als »Redensarten und Nasepopeleien« abgetan, so registrierte er nun, man habe »die ersten Albernheiten in London [...] schnell über Bord geworfen« und erkenne dort die Rede »als eine der größten Leistungen der Kriegspropaganda« überhaupt an; die »Beifallsstürme« hätten nach Aussagen schwedischer Korrespondenten in London »stärkste Aufmerksamkeit hervorgerufen«.[3] Seine Begeisterung über den eigenen Erfolg hielt auch noch in den beiden folgenden Tagen an: Die Rede beherrsche »immer noch die Schlagzeilen der großen Blätter in allen Ländern der Erde« und habe gerade in den neutralen Staaten den »tiefsten Eindruck« hinterlassen.[4]

Diese Kommentare offenbaren in eklatanter Weise, dass der deutsche Propagandaminister die internationale Wirkung der Rede vollkommen falsch einschätzte. Das wird umso deutlicher, wenn man sich die Reaktion der ausländischen Presse im Einzelnen anschaut.[5]

Die Sensation bleibt aus – Reaktionen der ausländischen Presse

Die Tatsache, dass neben der spanischen Presse[6] vor allem die italienische[7] sowie die der übrigen Verbündeten die Rede hymnisch lobte und sie in einer Weise herausstellte, die der Linie des deutschen Propagandaministeriums entsprach, ist wenig überraschend, hinderte Goebbels aber nicht daran, hierüber mehrfach seine tiefe Genugtuung zum Ausdruck zu bringen.[8]

Vordergründig betrachtet, waren auch die Reaktionen aus der Schweiz außerordentlich positiv. Die wichtigsten Schweizer Blätter befassten sich relativ ausführlich mit der Rede, die *Basler Nachrichten* und die *Tat* druckten sie sogar im Wortlaut ab. In der mehr oder weniger ausführlichen Referierung des Inhalts machten die Blätter insbesondere deutlich, dass die Rede als Antwort auf eine schwerwiegende Krisensituation zu verstehen war, und betonten so den Ernst der Lage, in der sich das »Dritte Reich« offenkundig befand. Daneben gingen die Schweizer Blätter, die zumeist durch Korrespondenten in Berlin vertreten waren, auf die unmittelbare Wirkung der Rede vor Ort ein. Vor allem die *Baseler National-Zeitung* sowie die *Weltwoche* hoben die rhetorische Leistung Goebbels hervor: Der Kommentator der *National-Zeitung* meinte, Goebbels habe sich mit seiner Rede in die »Annalen der Geschichte« eingeschrieben, und in der *Weltwoche* war zu lesen, es habe sich um eine »propagandistische Meisterleistung« gehandelt, »die den kleinen Doktor immer eindeutiger als den eigentlichen Organisationslenker der deutschen Heimatfront erscheinen« lasse. Der Berliner Korrespondent der *Tat* meinte, die Rede habe ihre Wirkung nicht verfehlt und das deutsche Volk »aufgerüttelt«. Der in Bern erscheinende liberale *Bund* berichtete am 19. Februar ausführlich auf Seite 2 über die Rede, auch mit langen Zitaten. Tags darauf folgte ein sachlicher Kommentar: Man könne die Rede als einen Aufruf für eine »zweite Revolution sehen«.[9]

Die *Neue Zürcher Zeitung*, die sich schon in den Tagen zuvor intensiver mit den deutschen Maßnahmen zum »totalen Krieg« beschäftigt hatte, stellte die Rede in ihrer Mittagsausgabe vom 19. Februar auf der Titelseite groß heraus und brachte zusätzlich einen Bericht ihres Berliner Korrespondenten.[10]

Wenn Goebbels sich nun durch diese Anerkennung seiner rednerischen Leistung geschmeichelt fühlte und in seinem Tagebuch von der »warmen Sympathie« der Schweizer Blätter schwärmte,[11] so übersah er vollkommen, dass mit der starken Fokussierung auf seine Person die von ihm beabsichtigte Wirkung der Veranstaltung konterkariert wurde. Denn das Hauptanliegen, das er mit der Veranstaltung verfolgt hatte, nämlich den Eindruck zu erwecken, »Volkes Stimme« fordere den »totalen Krieg« ein und er habe diese zum äußersten Opfer entschlossene Grundhaltung am Nachmittag des 18. Februar lediglich abgerufen und dokumentiert (und nicht etwa erst erzeugt), diese Absicht verfing bei der Schweizer Presse nicht. Dort ging man vielmehr allgemein davon aus, dass es sich um eine – zwar glänzend vorbereitete und inszenierte, aber eben doch eindeutig erkennbare – Propagandaveranstaltung gehandelt hatte. So schrieb etwa der Berliner Korrespondent der *Neuen Zürcher Zeitung*, man habe sich durch die Zusammensetzung des Publikums »Mühe gegeben, die Veranstaltung so repräsentativ wie möglich zu gestalten«, legte also – wenn auch in höflicher Form – die manipulative Absicht durchaus offen.[12]

Bemerkenswert ist, dass im übrigen neutralen Ausland eine Reihe von äußerst kritischen Stimmen erschienen. Die türkische Tageszeitung *Cumhuriyet* etwa ließ einem ersten Bericht am 19. Februar zwei Tage später einen Kommentar folgen: »Wie sehr auch Goebbels die europäischen Nationen und England gegen Russland und den Bolschewismus aufhetzen möchte, es wird deren primäres und unveränderliches Ziel bleiben, Deutschland zu besiegen.« Und die in Istanbul erscheinende *Yeni Sabah*, die ebenfalls am 19. Februar Auszüge aus der Rede gebracht hatte, bestritt am 20. Februar die von Goebbels so vehement beschworene bolschewistische Gefahr für ganz Europa; vielmehr gehe die größte Gefahr von Deutschland selbst aus, und man müsse einfach sehen, dass »alle Sprüche der deutschen Propaganda Lügen« seien. Ein weiterer Kommentar am folgenden Tag meinte, offenbar sei das Vertrauen der Deutschen in Hitler erschüttert, andernfalls wäre eine derartige Veranstaltung nicht notwendig gewesen. Im Übrigen gab sich der Kommentator vollkommen unbeeindruckt von der Berliner Jubelorgie: »Ein Volk, dessen Gewissen und dessen Vernunft zum Schweigen gebracht wurde und das zu blindem Gehorsam seinen Anführern gegenüber verpflichtet ist, hat keine Möglichkeit, seine (wahre) Meinung zum Ausdruck zu bringen.«[13]

Auch die schwedische Presse[14] kommentierte die Rede überwiegend kritisch. Vor allem die *Göteborgs Handels- och Sjöfartstidning* (Göteborger Handels- und Seefahrtszeitung), in der die schwedische Neutralitätspolitik generell kritisch gesehen wurde, lieferte am 19. Februar einen äußerst vielsagenden und kritischen Artikel. Darin wurde der Verdacht geäußert, dass das Publikum im Sportpalast sorgsam zusammengestellt worden sei, und abschließend die rhetorische Frage gestellt: »Drückte die Versammlung am Schluss nicht weit eher den Selbsterhaltungstrieb der Nazis aus als irgendetwas anderes?« Bemerkenswert erscheint darüber hinaus, dass die Zeitung *Aftonbladet* Goebbels mit der Aussage zitierte, es gehe um die »vollständige Ausrottung der Juden«, sich also nicht an die vom Deutschen Nachrichtenbüro verbreitete schriftliche Fassung hielt, in der diese Passage abgeändert worden war.

Vor allem aber zeigte sich die britische und amerikanische Presse weit weniger durch die Rede beeindruckt, als Goebbels dies wahrhaben wollte. Von einer »Beherrschung der Schlagzeilen« konnte dort jedenfalls keine Rede sein.

So brachte etwa die *Times* vom 19. Februar auf Seite 4 einen einspaltigen, recht lakonischen Kurzbericht ihres New Yorker Korrespondenten über die Hauptpunkte der Rede.[15] *Daily Express*, *Daily Herald* und *Daily Telegraph and Morning Post* enthielten am selben Tag jeweils Einspalter auf Seite 2 (Letzterer mit einer Fortsetzung auf Seite 6); der *Manchester Guardian* berichtete etwas ausführlicher, allerdings auch erst auf Seite 5.

Die *New York Times* erschien am 19. Februar mit einer Zusammenfassung der Rede auf Seite 1 (aber nicht als Schlagzeile) und zitierte dann – wohl als einziges bekanntes Blatt auf alliierter Seite – auf Seite 8 ausführlich aus der Rede.[16] Zwei Tage später folgte im Inneren des Blattes ein Kommentar, der sich in einem ironischen Tonfall mit Goebbels auseinandersetzte und zu der Schlussfolgerung kam: »Die Vorstellung, dass Deutschland eine ehrenwerte Rolle bei der Verteidigung Europas spiele, ist einfach erbärmlich.«[17] Die *New York Herald Tribune* veröffentlichte am 19. Februar auf den Seiten 1 und 5 einen jeweils einspaltigen Kurzbericht über die Rede und stellte sie am folgenden Tag in einem Leitartikel als das übliche Lügengewebe des Propagandaministers hin.

Die *Washington Post* brachte am 19. Februar auf der Titelseite in einem Zweispalter eine Inhaltsangabe, die auf Seite 4 fortgesetzt wurde.[18] Zwei Tage später folgte im Innern des Blattes ein ausführlicher Kommentar, der – in diesem Punkt Goebbels missverstehend – mutmaßte, die Rede sei vor allem als eine Absage auf in Deutschland vorhandene Friedenshoffnungen zu werten und stelle insbesondere eine Reaktion auf einen Leitartikel des Herausgebers des *Giornale d'Italia* und Mussolini-Vertrauten Virginio Gayda vom 17. Februar dar, der in der internationalen Presse zum Teil als verdeckter Friedens(vor)fühler der italienischen Regierung kommentiert wurde.[19] Ähnliche Zusammenhänge zwischen dem Gayda-Artikel und der Goebbels-Rede stellten auch andere Presseorgane her,[20] sehr zum Ärger des deutschen Propagandaministers, der diese Kommentierungen als Ablenkung von seiner eigentlichen Botschaft sehen musste.[21]

Der *San Francisco Chronicle* brachte zwei Artikel, die die Rede als Vorbereitung einer Friedensoffensive werteten beziehungsweise – durchaus hellsichtig – als Ausdruck eines internen Machtkampfes in der deutschen Führung. *The Evening Sun* (Baltimore) tat die Rede am 19. Februar auf Seite 3 als sorgfältig geprobte »hysterische Propagandademonstration« ab, und der *Boston Daily Globe* brachte am gleichen Tag eine kurze Meldung über die Rede und ließ sie auf Seite 4 als Ausdruck der Verzweiflung der deutschen Regierung kommentieren. Auch andere führende US-Blätter nahmen die Rede in kurzen Meldungen oder Kommentaren zur Kenntnis.[22]

Überblickt man dies alles, so stand im Gegensatz zur Schweizer Berichterstattung mit wachsender Entfernung von Berlin nicht, wie von Goebbels intendiert, das vom Sportpalastpublikum stellvertretend abgegebene »Plebiszit« über den »totalen Krieg« im Vordergrund der internationalen Aufmerksamkeit. Vielmehr wurde die überdeutliche Loyalitätskundgebung für Hitler als propagandistisches Manöver und damit als deutliches Anzeichen für ein Schwinden des Vertrauens in die Führung gelesen. Folglich konzentrierte man sich zumeist nüchtern auf den Text der Rede: auf den darin zum Ausdruck kommenden tödlichen Ernst der Lage, die von der deutschen Bevölkerung verlangten größeren Kriegsanstrengungen sowie die angekündigte verschärfte Ausplünderung der besetzten Gebiete. Nach dieser Lesart erschien der Ruf nach dem »totalen Krieg« vor allem als Beweis für die tiefe Krise der deutschen Kriegsführung und als schon verzweifelte Suche nach einem Ausweg. Kommentare unterstrichen den großen Unterschied früherer großmäuliger Ankündigungen Goebbels mit diesem neuen Ton. Im Übrigen galt »Dr. Goebbels«, wie er auch in der alliierten Presse gerne genannt wurde, als die Inkarnation der Lüge, und man begegnete seinen Äußerungen vorzugsweise mit Ironie.

Das Echo in Deutschland

Die Reaktion der inländischen Presse beschrieb Goebbels ebenfalls als »sehr stark«, habe sie seine Rede doch »in phantastischer Aufmachung und mit glänzenden Kommentaren« gebracht. Sein Narzissmus war offenbar so ausgeprägt, dass er vollständig verdrängen konnte, dass Aufmachung wie Kommentare von seinem eigenen Ministerium bestellt worden waren. So zitierte er denn auch am 20. Februar in seinem Tagebuch voller Stolz einen Bericht der ihm unterstehenden Reichspropagandaämter, die ihrem obersten Chef bescheinigten, »den tiefsten propagandistischen Eindruck seit 1932 hervorgerufen zu haben«. Später am Abend zeigte er sich »beglückt« über Telegramme von Generaloberst Dietl und Generalfeldmarschall Richthofen, denen er entnehmen zu können glaubte, dass die Rede »für die Front ein Alarmruf gewesen« sei.[23]

An den folgenden Tagen ging es im gleichen Tonfall weiter: »Die Wirkung der Rede im Inland ist enorm.« Besonders befriedigt zeigte sich Goebbels natürlich von der positiven Reaktion Hitlers: »Er hat nun meine Rede und alles dazugehörige Material aufmerksam studiert und ist von dem Erfolg der Sportpalastversammlung tief beeindruckt. Er bezeichnet diese Rede als ein psychologisches und propagandistisches Meisterstück erster Klasse.«[24]

In diese positive Stimmungslage passte allerdings nicht so recht der neueste SD-Bericht, der zwar noch nicht auf seine Rede einging, aber aus Goebbels' Sicht durch die einseitige Zusammenstellung von »Stänkereien« die durch seine Rede doch eingetretene Stimmungsveränderung womöglich unterschätzte. Eine Woche nach der Rede nahm Goebbels umso wohlwollender den SD-Bericht vom 22. Februar zur Kenntnis, da er »seine Betrachtungen ganz auf meine Sportpalastrede« eingestellt habe. Trotz ihrer geradezu erschütternden Offenheit sei »der Effekt der Rede [...] am Ende doch außerordentlich erhebend gewesen [...]. Die totale

Kriegführung werde jetzt vom ganzen Volke gebilligt und getragen«.

Schaut man sich den erwähnten SD-Bericht allerdings näher an,[25] so wird deutlich, dass Goebbels in seiner anhaltenden Euphorie über seine Großtat die kritischen Untertöne dieses Dokuments übersah oder nicht ernst nahm. Der SD hatte die allgemeine Verbreitung der Rede hervorgehoben und sie in ihrer Wirkung »als ungewöhnlich groß und im ganzen sehr günstig« bezeichnet. Die »Volksgenossen«, verunsichert durch jüngste Meldungen von weiteren Rückschlägen an der Ostfront, »hätten sich nach einer klaren Darstellung der Lage gerade gesehnt«. Die Rede habe daher »trotz ihrer sehr offenen Darstellung des Ernstes der Situation entspannend gewirkt und die Zuversicht und das Vertrauen zur Kriegführung erneut gestärkt«. Der Redner habe es verstanden, im Sportpalast »Begeisterung und Kampfzeitstimmung« zu entwickeln, die auch für die Rundfunkhörer erlebbar gewesen sei.

Nach diesen allgemein lobenden einleitenden Bemerkungen folgte freilich die Kritik im Detail. So habe die These von der »Gefahr im Verzuge« die »Befürchtungen bestätigt, daß von einer Stabilisierung der Ostfront noch nicht die Rede sein könne, daß die Serie der Rückschläge noch nicht zu Ende sei und der Krieg noch manche ernste Wendung nehmen könne«. Viele seien sich erst jetzt über den »furchtbaren Ernst der Lage« klar geworden. Grundsätzlich dankbar für die offenen Worte, hätten viele Menschen nun aber den Wunsch, mehr Einzelheiten über die militärische Lage zu erfahren.

»Vereinzelt« sei auch die Auffassung vertreten, Goebbels habe die Lage »schwärzer gemalt, als sie sei, um den Totalisierungsmaßnahmen Nachdruck zu verleihen«, seine Ausführungen seien über die »bisher bekannten Maßnahmen und Gesichtspunkte nicht hinausgegangen«, und es werde nach wie vor darüber gesprochen, dass der totale Krieg »reichlich spät« durchgeführt werde. Seine

Ankündigung zur »radikalsten Durchsetzung der Maßnahmen« habe zwar »überall größte Zustimmung ausgelöst«, es bestünden aber nach wie vor »Zweifel an ihrer gerechten Durchführung in allen Volksschichten«.

Der Bericht kam somit zu der Schlussfolgerung, dass Goebbels' schonungslose Darstellung der Lage und seine Forderung nach größeren Kriegsanstrengungen auch als Eingeständnis von Versäumnissen sowohl in der Nachrichtenpolitik wie auch in der Gesamtkriegsführung aufgefasst würden. Zudem habe er damit Erwartungen geweckt, von denen viele jetzt schon zu wissen glaubten, dass sie nie erfüllt werden würden. Die Bewertung durch den SD machte eines sehr deutlich: Der bewusste Bruch mit der bisherigen Art und Weise der gesamten Kriegsführung, den Goebbels mit der Rede einleiten wollte, hatte eben auch zur Folge, dass der Kritik von verschiedenster Seite etwas Raum gegeben werden musste und das Regime somit die rigide Kontrolle der Öffentlichkeit ein Stück weit preisgab.

Der letzte Teil der Rede, der Fragenkatalog, sei, so der SD-Bericht weiter, »uneinheitlich aufgenommen worden«. Zwar sei »allgemein die Schlagkraft der 10 Fragen« hervorgehoben worden, jedoch hätten »Volks- und Parteigenossen aus allen Kreisen zum Ausdruck gebracht«, dass der »propagandistische Zweck dieser Fragen und Antworten den Hörern und Lesern allzusehr zum Bewußtsein gekommen« sei. Der Bericht machte also sehr deutlich, dass nach weitverbreiteter Auffassung der gesamte Auftritt Goebbels' mit seinem Leitmotiv »Schaut her: Das Volk ruft nach dem ›totalen Krieg‹« eine allzu leicht durchschaubare Propaganda-Inszenierung darstellte.

Vor allem aber machte der SD-Bericht insgesamt deutlich, dass sich die Wirkung der Berliner Propaganda-Inszenierung nicht per Rundfunk und andere Medien auf die allgemeine Bevölkerung im Lande übertragen ließ. Im Klartext hieß das: Weder löste die Rede einen landesweiten Zustimmungsorkan aus, noch rief sie überhaupt eine einheitliche Reaktion hervor. Neben durchaus wahrnehmbarer Zustimmung provozierte sie auch Ängste, Kritik und Zweifel. Aus der »Stimmungsberichterstattung« des Regimes sind außerdem Berichte von fünf bayerischen Regierungspräsidenten erhalten, die während der gesamten Zeit des »Dritten Reiches« die »Lage und Stimmung« in ihrem Verantwortungsbereich beobachteten. Alle fünf heben zunächst wie der eben erwähnte SD-Bericht die positive Wirkung hervor, die »die große Sportpalastrede des Reichsministers Dr. Goebbels« gehabt habe; sie habe »tiefen Eindruck« gemacht, »Mut und Entschlossenheit« ausgelöst, sei von der Mehrheit »gläubig aufgenommen« worden und habe auch auf »den Letzten überzeugend« und »aufrüttelnd« gewirkt.[26]

Daneben enthielt die Mehrzahl der Berichte aber auch etliche kritische Anmerkungen. Aus Niederbayern und der Oberpfalz hieß es etwa, die Rede habe in einem Teil des Publikums »geradezu ein Angstgefühl« ausgelöst, und sie habe die allgemeine »Überzeugung gefestigt, daß die Bevölkerung nunmehr offen und ohne Beschönigung über die Lage unterrichtet werden will«. Die Formulierung ließ sich durchaus als deutliche Kritik an dem amtlichen System der Zurückhaltung und Manipulation von Informationen lesen.

Der Regierungspräsident von Unterfranken meinte, »für ängstliche Gemüter wirkte sie [die Rede, P.L.] schockartig wegen ihrer schonungslosen Offenheit, die über unsere gefährliche Lage keinen Zweifel ließ«. Sein Amtskollege aus Schwaben stellte fest, die Rede habe »auch in manchen Kreisen Kritik und Verstimmung hervorgerufen. Aus der Frage: ›Wollt Ihr den Krieg noch totaler und radikaler, als wir ihn uns heute überhaupt vorstellen können?‹ will man vielfach heraushören, daß die Kampfhandlungen letzten Endes in den Gaskrieg münden.« Und aus Ober- und Mittelfanken war zu hören: »Vom 2. Teil (den Fragen an die Versammlung) wurde angenommen, daß damit auf das Ausland kaum ein besonderer

Eindruck erzielt wurde.« Ganz offensichtlich wurde also auch hier, wie im SD-Bericht, die Frage-Antwort-Orgie, die eigentlich die völlige Übereinstimmung von Volk und Führung belegen sollte, als mehr oder weniger durchschaubare Inszenierung aufgefasst.

Auch aus der Justiz, die ein eigenes Berichterstattungssystem über »Stimmung und Haltung« der Bevölkerung unterhielt, waren durchaus kritische Töne zu vernehmen. So hielt etwa der Präsident des Oberlandesgerichts Bamberg die in seinem Amtsbereich vorherrschende Reaktion am 19. März fest: »Insbesondere wurde der Schluß der Rede (Frage und Antwort) fast allgemein abgelehnt.« Zwar würden die Maßnahmen zur völligen Totalisierung des Krieges im Volk allgemein als notwendig angesehen, man »beobachtet jedoch wachsam, ob die Durchführung sachlich und unparteiisch ist«.[27]

Sein Kollege aus Zweibrücken, den man, obgleich seit Ende 1933 Parteimitglied, wohl »nicht als einen typisch nationalsozialistischen Juristen« einstufen kann, formulierte seinen Bericht so, dass er sich über weite Strecken wie eine explizite Kritik an der Goebbels-Rede liest.[28] Grundsätzlich seien die angegangenen Maßnahmen selbstverständlich notwendig, betonte der dortige Gerichtspräsident zunächst, doch sei es »eine Folge der durch die lange Kriegsdauer hervorgerufenen Spannungen und Reizzustände, daß der Wunsch bestimmter Kreise, die sogenannten ›feinen Damen‹ nun im Arbeitseinsatz der Fabrik zu sehen, nicht etwa der Sorge um die Erreichung eines möglichst hohen Kriegspotentials entspringt, sondern anderen, weniger sachlichen Gründen«. Man müsse sich doch davor hüten, »daß rein um der optischen Wirkung willen Frauen Verwendungen zugeführt werden, denen sie körperlich nicht gewachsen sind«.

Damit stellte der Zweibrücker Jurist freilich das Argument von der »Optik des Krieges«, mit dem Goebbels viele der geplanten

Maßnahmen ja gerade begründet hatte, unmittelbar infrage. Ihm werde berichtet, so schrieb er weiter, dass »Arbeitsämter und Parteidienststellen zur Zeit mit anonymen und anderen Schreiben gehässigen Inhalts überschüttet« würden. Es werde »eine sehr kluge, sichere und feste Steuerung nötig sein, um zu führen und sich nicht von den Instinkten der Straße lenken zu lassen«. Der »Klassenhaß« sei jedenfalls »gerade im Zusammenhang mit der infolge des Krieges gesteigerten gereizten Stimmung [...] noch nicht gestorben, was sich insbesondere auch darin zeigt, daß der Beifall bei öffentlichen Reden nie frenetischer aufbrandet, als wenn die sogenannten besseren Kreise« Gegenstand der Kritik seien. Warnend fügte der hohe Richter hinzu: »Die Instinkte, die hier entfesselt werden, können sich einmal nach einer ganz anderen Richtung wenden.« Nach seiner Auffassung hatte also Goebbels' Appell an die unbedingte Solidarität der »Volksgemeinschaft« eher dazu beigetragen, die Bevölkerung zu spalten.

Sogar in die Berichterstattung der dem Goebbels-Ministerium unterstehenden Reichspropagandaämter in den einzelnen Gauen mischten sich – ganz im Gegensatz zu dem durchweg positiven Eindruck, den Goebbels über ihre Berichte in seinen Tagebüchern festhielt – manch kritische Töne. So war auch hier zu lesen, dass in der Beamtenschaft und der Oberschicht Kritik an allzu »klassenkämpferischen« Tönen der Rede geübt werde; in Pommern und im Gau Westfalen-Nord sprach man von einer reinen Propagandaveranstaltung, ja, sogar explizit von »Theater«; in Schwaben und Sachsen wiederum hielt man insbesondere die von Goebbels vertretene Position, die positiven Antworten auf die zehn Fragen seien als eine Art Volksabstimmung zu werten, für unglaubwürdig.[29]

Wie unwillkommen solche Eindrücke an der Spitze des Ministeriums waren, zeigt ein Rundschreiben des Staatssekretärs Leopold Gutterer an die Reichspropagandaämter vom 27. Februar. Darin verbittet sich dieser Berichte über allzu negative Stimmungserscheinungen in der Bevölkerung; solche Erscheinungen seien mit den »Mitteln der Kampfzeit«, sprich handgreiflich, zu beseitigen. Das Rundschreiben nahm dabei ausdrücklich auf einen Bericht aus Sachsen Bezug, wonach die Reaktion von Studenten und Schülerinnen höherer Lehranstalten auf die Rede negativ gewesen sei, obwohl diese »unser ganzes Volk aufgerüttelt, Europa in Bewegung gebracht und die ganze feindliche Welt in Erstaunen über die deutsche Kraft versetzt habe«.[30] Was in jedem Fall sehr deutlich wird: Aus der Sicht der Ministeriumsspitze war die Stimmungsberichterstattung keineswegs ein Instrument präziser Meinungsforschung, sondern ihre Aufgabe bestand in erster Linie darin, den gewünschten propagandistischen Effekt durch positive Rückmeldungen zu verstärken.

Die schon in den Stimmungsberichten hervorgehobene Uneinheitlichkeit der Reaktion in der Bevölkerung lässt sich auch anhand von Auszügen aus Tagebucheinträgen und Briefen illustrieren, wenngleich sie natürlich kein repräsentatives Bild der Reaktion »der Deutschen« auf die Rede liefern können.

Überzeugte Nationalsozialisten und Anhänger des Regimes begrüßten in erster Linie die angekündigten Maßnahmen. So schrieb etwa der an der Ostfront eingesetzte Oberleutnant Heiner Grub, im Zivilberuf Forstmeister, seiner Familie am 20. Februar, die »Reden der letzten Tage erfüllten hoffentlich ihren Zweck in der Heimat. Das Gemeckere und Miesmachen durfte ja nicht so fortgehen und es war höchste Zeit, dass von oben herab in einer Sprache gesprochen wurde, die dem Volk klar macht, um was es eigentlich geht und dass dieser Krieg Sache des ganzen Volkes und nicht nur der Soldaten ist. Wenn das die Heimat erfasst, ist viel erreicht.«[31]

Ähnlich überzeugt von Sinn und Zweck der in der Rede angekündigten Maßnahmen zeigte sich Hertha Neureither aus Memmingen in einem Brief an ihre Verwandten: »So muß es sein. Dr. G.

bringt alles in Bewegung. Hoffentlich wird gründlich gearbeitet, damit die Front stark wird. Einmal muß es zu Ende kommen, so können wir nicht weitermachen.«[32]

Margarete Liebel, eine stark durch den Nationalsozialismus geprägte junge Frau, schrieb ihrem künftigen Ehemann unmittelbar nachdem sie die Rede im Radio gehört hatte, diese habe ihren alten Wunsch, »endlich auch ganz im Kriegseinsatz zu stehen, wieder ganz brennend und groß« werden lassen. Sie überlege sogar, ihre kurz vor dem Abschluss stehende Ausbildung zur Landwirtschaftslehrerin abzubrechen: »Ich kann unsere Schularbeit schon lang nicht mehr als kriegswichtig ansehen. Was nutzt es uns, einen fachlich bis ins Kleinste ausgebildeten Nachwuchs zu haben, wenn uns inzwischen der Krieg verloren geht?«[33] Schließlich legte sie aber dann doch im Monat darauf die »Staatsprüfung für das Lehramt der landwirtschaftlichen Haushaltungskunde« ab und trat anschließend eine Stelle an.[34]

Wenngleich in den genannten drei Beispielen überwiegend Zustimmung zum »totalen Krieg« zum Ausdruck gebracht wird, so scheint die Rede doch bei allen auch einen gewissen Unmut über Versäumnisse seitens der Regierung geweckt zu haben.

Für Regimegegner war die Rede in erster Linie eine leicht zu durchschauende Propaganda-Inszenierung, die darüber hinwegtäuschen sollte, dass das »Dritte Reich« an einem Punkt angelangt war, an dem offensichtlich wurde, dass seine Kriegspolitik vollkommen verfehlt war. Die Kritik knüpfte dabei an eine ganze Reihe von Beobachtungen an.

Friedrich Kellner, Justizinspektor aus Laubach (Hessen) und seiner politischen Einstellung nach Sozialdemokrat, hielt zum Beispiel am 19. Februar in seinem Tagebuch fest: »Um die totale Kriegsführung zu begründen, wurde Reichsminister Dr. Goebbels am 18. Februar 1943 im Berliner Sportpalast auf die Öffentlichkeit losgelassen.

Goebbels hatte dafür gesorgt, daß die Zusammensetzung der Zuhörermassen von vornherein die Gewähr für eine ›begeisterte‹ Kundgebung gab. Mit allen Mitteln der Rhetorik malte er für den einfältigen Bürger das Gespenst des Bolschewismus an die Wand. Er benutzte ein uraltes Kampfmittel der Nazis. Diese Angstmacherei ist vor 1933 gegen die Kommunisten mit ausgezeichnetem Erfolg angewendet worden. Jetzt glaubt Goebbels, nicht nur Deutschland, sondern die ganze Welt mit seinen Argumenten betören zu können.«[35]

Es folgen längere Betrachtungen über die widersprüchliche Politik der Nationalsozialisten, die 1939 einen Bündnisvertrag mit Stalin geschlossen und durch ihren Überfall zwei Jahre später überhaupt erst auf sowjetischer Seite die »ungeheure Widerstandskraft des gesamten Volkes« geweckt hätten. Am Ende nahm sich Kellner die Schlusspassage der Rede vor: »Nun Volk steh' auf! Das wäre schon richtig, aber nicht um den Krieg zu verlängern, sondern um sofort Schluß mit diesem wahnsinnigen Krieg zu machen!«

Die Journalistin Ruth Andreas-Friedrich, aktiv im Widerstand gegen das Regime, stolperte über die Goebbels'sche Steigerung »Total – totaler – am totalsten«: »Wer innerlich unsicher ist, muß wohl zu solchen Mitteln greifen. Muß sich aus einer Übersteigerung in die nächste quälen. [...] ›Wer angibt hat's nötig‹, sagt das Sprichwort. Wenn es wahr spricht, dann müßten es die Nazis verdammt nötig haben. Nicht nur mit dem totalsten Krieg, sondern auch mit den totalsten Anstrengungen, diesen Krieg zu gewinnen.«[36]

Matthias Joseph Mehs aus Wittlich, ein zutiefst überzeugter Demokrat und vor 1933 einer der führenden Zentrums-Politiker am Ort, hielt noch am 18. Februar in seinem Tagebuch fest, Goebbels habe (nach seinen Artikeln im *Reich* und der Ansprache vom 30. Januar) zwar »nichts Neues« gebracht, dafür aber »sehr laut, als wenn ihm das Messer an der Kehle sitzt«, gesprochen. »Hierfür hat er sich anscheinend beim Berliner Publikum, das heißt vor geladenen Gästen, Parteileuten, die Erlaubnis geholt. Der Berliner Nationalsozialist ist also der Repräsentant ganz Deutschlands.« Über die zehn Fragen schrieb Mehs, man werde »später nicht begreifen können, wie in einer so ernsten Zeit ein Vertreter der Regierung mit so albernen Kniffen arbeiten konnte und wie das Volk sowas in Lammsgeduld hinnimmt. Unsere Gegner werden sich ins Fäustchen lachen. Dr. Goebbels hat mehr dem Feind genützt als seinem Volk.«[37]

Victor Klemperer, der wegen seiner jüdischen Herkunft seine Romanistik-Professur an der TH Dresden verloren hatte und nur dank seiner Ehe mit einer nichtjüdischen Frau von den Deportationen zurückgestellt wurde (und sich keine Illusionen über das Schicksal der Deportierten machte), konnte sich eine Zeitung mit dem Redetext beschaffen. Vor allem zeigte er sich natürlich betroffen von der Drohung Goebbels', »mit den drakonischsten und radikalsten Mitteln« gegen die Juden vorzugehen, er vermerkte aber auch, dass die Rede deutlich zeige, wie die Regierung »auch die übrigen ›Volksgenossen‹« bedrohe.[38]

Der evangelische Wehrmachtspfarrer Siegfried Hotzel nannte die Rede in seinem Tagebucheintrag vom 19. Februar ein »Meisterstück skrupelloser Demagogie und suggestiver Massenbeeinflussung«. Es sei ihm vorgekommen, als hätte sich »ein Haufen von Idioten und entsprungenen Tollhäuslern dort zusammengerottet«.[39]

Bei Zeitgenossen, die sich nicht eindeutig als Anhänger oder Gegner des Regimes einordnen lassen, löste die Rede ganz unterschiedliche Reaktionen aus. Manch einer stellte dabei Überlegungen an, die den Intentionen Goebbels' widersprachen. So wunderte sich Wilfried Nordmann, Leutnant bei der Artillerie, in seinem Tagebuch darüber, dass Goebbels nun im Sportpalast »im Gegensatz zu seiner bisherigen überoptimistischen Einstellung plötzlich sehr schwarz malt und die Notwendigkeit der jetzt eingeleiteten scharfen Maßnahmen […] begründet«. Ein großer Teil der angekündigten Einschränkungen, wie etwa die Schließung der Nachtlokale und Luxusgeschäfte hätte schon sehr viel früher erfolgen können, was dann aber nicht geschehen sei, weil es im Widerspruch zum »offiziellen Zweckoptimismus« gestanden hätte. Eine entscheidende Wirkung auf den Kriegsverlauf versprach sich Nordmann von den Maßnahmen jedenfalls nicht.[40]

Die Hausfrau Agnes Pausen aus Heide in Holstein schrieb ihrem an der Ostfront eingesetzten Ehemann am 20. Februar 1943, die Rede sei »ja furchtbar ernst« gewesen. Sie habe »wirklich zum ersten Mal ein bißchen die Fassung verloren«, doch inhaltlich habe das Ganze dann »eigentlich nichts Neues« enthalten; es sei lediglich darum gegangen, den »Arbeitseinsatz noch mal recht plausibel« zu machen.[41]

Der spätere Politikwissenschaftler Iring Fetscher war damals mit 21 Jahren als Soldat in den besetzten Niederlanden stationiert und nach eigenem Bericht dem NS-Regime gegenüber eher distanziert-kritisch eingestellt. Bei ihm löste die Theatralik der Veranstaltung jedoch wahre Begeisterung aus, wie er am 19. Februar in seinem Tagebuch festhielt: »Glänzende Volksrede eines einzigartigen gesteigerten Volksrausches. 10 Fragen an das deutsche Volk in biblischer Feierlichkeit, dies mutet alles wie ein ganz großes, gewaltiges Schauspiel an, dessen Tiefe, Tragik und Bedeutung wohl kaum einer der Anwesenden verstehen mag.« Jahrzehnte später fiel es Fetscher schwer, seine offenkundige Begeisterung von einst nachzuempfinden. Rückblickend versucht er sie so zu erklären: »Vielleicht war es die vom Redner zur Schau gestellte ›Aufrichtigkeit‹, die so stark von den beschönigenden Formulierungen vieler Berichte des OKW [Oberkommando der Wehrmacht, P. L.] abstach, vielleicht aber auch die Faszination der Sprache selbst.« Die Sache ließ Fetscher jedenfalls keine Ruhe, und die Irritation über seine damalige Reaktion wurde der Ausgangspunkt für sein Buchprojekt über die Rede.[42]

Zusammenfassend lässt sich sowohl anhand offizieller Berichte als auch anhand privater Aufzeichnungen also festhalten, dass die Rede in der Bevölkerung keine einheitliche Wirkung hatte und jedenfalls nicht den großen »Ruck« auslöste, der den Kriegsalltag in Deutschland entscheidend verändert hätte. Vielfach wurde sie als ein zwar perfekt inszeniertes, aber gerade deswegen allzu durchschaubares Propagandastück angesehen, nicht zuletzt was ihren Höhepunkt, die zehn Fragen, anbelangte. Sie löste einerseits Ängste aus, andererseits Fragen und Kritik über das in der Vergangenheit Versäumte sowie Befürchtungen in Bezug auf klassenkämpferische, also die »Volksgemeinschaft« spaltende Tendenzen. Zum Teil vermisste man die Bekanntgabe weiterer substanzieller Maßnahmen zur Umgestaltung der »Heimatfront« und äußerte Zweifel an der gerechten Verteilung größerer Kriegslasten. Vor allem aber war es Goebbels offensichtlich nicht gelungen, sein entscheidendes Anliegen zu vermitteln, nämlich davon zu überzeugen, dass seine Rede authentischer Ausdruck eines im Volk tief verwurzelten Wunsches nach einer Totalisierung der Kriegsführung sei.

Die beschriebenen skeptischen und widersprüchlichen Reaktionen lassen sich letztlich aus der gesamten Anlage des Unternehmens erklären: Goebbels hatte eine suggestive Ansprache an den überzeugten Kern der Berliner Nationalsozialisten gehalten. Dabei hatte er mit »Argumenten« und rhetorischen Mitteln hantiert, die genau auf diesen Zuhörerkreis zugeschnitten waren, zudem in einem Saal, der diesem Kreis als alte »Kampfstätte« vertraut war. Eine solche Insider-Veranstaltung konnte bei der deutschen Durchschnittsbevölkerung draußen im Lande unmöglich die gleiche Wirkung entfalten wie im Saal selbst, und je höher der Minister seine Rhetorik schraubte, desto offenkundiger wurde seine propagandistische Absicht.

Goebbels scheint, was die Wirkung der Rede angeht, nicht ganz sicher gewesen zu sein, ob Hitler die große Zustimmung zu seinem

Vorgehen, die er ihm im Anschluss übermittelt hatte, auch öffentlich zum Ausdruck bringen würde. Als der Diktator am 24. Februar anlässlich der Parteigründungsfeier in München eine Proklamation verlesen ließ – seine Scheu vor der Öffentlichkeit dauerte an –, stellte Goebbels, der in Berlin geblieben war (»Ich schütze eine Grippe vor«[43]), erfreut und erleichtert fest, dass sich Hitlers Erklärung »durchaus in den Bahnen meiner Sportpalastrede« bewegte. »Es ist also hier nicht die Gefahr gegeben, daß ich in irgendeiner Weise desavouiert würde. [...] Man sieht auch hier wieder, man tut am besten daran, fertige Tatsachen zu schaffen. Wenn das Volk sich auf den Boden dieser Tatsachen stellt, dann hat man schon gewonnenes Spiel.«[44]

Von Ley erfuhr Goebbels allerdings einige Tage später, in München sei dann doch »von verschiedenen Seiten gegen meine Sportpalastrede gemeckert worden, und zwar aus ganz durchsichtigen Gründen. Die Leute, die sich früher vor der Machtübernahme freuten, wenn ein führender Parteigenosse einen rednerischen Erfolg hatte, sind jetzt von Neid zerfressen. Sie können es nicht sehen, daß andere arbeiten, weil sie dadurch selbst in ihrer Bequemlichkeit aufgescheucht werden.«[45] Es dürfte jedoch nicht nur Neid gewesen sein, der führende Parteigenossen über die Rede meckern ließ. Vielmehr herrschten wohl auch Irritation und Verärgerung darüber, dass Goebbels mithilfe seines Auftritts offenbar eine Palastrevolution anzuzetteln versuchte, die seine eigene Machtposition stärken sollte.

»Totaler Krieg« und Judenverfolgung

Wie bereits im Kommentar zur Rede erwähnt, dienten die antisemitischen Auslassungen in der Sportpalastrede nicht zuletzt dazu, die Nationalsozialisten in der Hauptstadt auf die bevorstehende

Festsetzung und Deportation der Berliner Juden vorzubereiten. Am 27. Februar begann in der Stadt tatsächlich die sogenannte Fabrikaktion, die Festnahme von mehr als 8000 noch in der Rüstungsindustrie beschäftigten Juden durch die SS-Leibstandarte. Die meisten wurden an ihren Arbeitsplätzen verhaftet.[46]

Anfang März, die Deportationen nach Auschwitz liefen bereits an, vermerkte Goebbels in seinem Tagebuch, es habe sich »auch hier wieder herausgestellt, daß die besseren Kreise, insbesondere die Intellektuellen, unsere Judenpolitik nicht verstehen und sich zum Teil auf die Seite der Juden stellen. Infolgedessen ist unsere Aktion vorzeitig verraten worden, so daß uns eine Menge von Juden durch die Hände gewischt sind.«[47] Nach seinen Informationen handelte es sich um insgesamt 4000 Menschen.[48] Er werde aber keinesfalls »ruhen, bis die Reichshauptstadt wenigstens gänzlich judenfrei geworden« sei.[49]

In dieser Situation erlebte Berlin in der Nacht vom 1. auf den 2. März den bis dahin schwersten Luftangriff, der die Stadt vorübergehend in einen Ausnahmezustand versetzte. Das Vorhaben des SD, trotz allem mit den in der Bevölkerung durchaus umstrittenen Deportationen fortzufahren, hielt Goebbels angesichts der Unruhe in der Stadt für einen Fehler, zumal sich »da leider etwas unliebsamere Szenen vor einem jüdischen Altersheim abgespielt« hätten, »wo die Bevölkerung sich in größerer Menge ansammelte und zum Teil sogar für die Juden etwas Partei ergriff«. Er gebe dem verantwortlichen SD daher den »Auftrag, die Judenevakuierung nicht ausgerechnet in so kritischer Zeit fortzusetzen. Wir wollen uns das lieber noch einige Wochen aufsparen; dann können wir es umso gründlicher durchführen.«[50] Hitler sollte ihn diesbezüglich drei Tage später voll unterstützen.[51] Mit einem »Auftrag« an den SD hätte Goebbels allerdings seine Kompetenzen überschritten, und tatsächlich gingen die Deportationen weiter.

Am 11. März schrieb Goebbels in sein Tagebuch: »Leider sind

dabei auch die Juden und Jüdinnen aus privilegierten Ehen zuerst mit verhaftet worden, was zu großer Angst und Verwirrung geführt hat.« Damit spielte er auf Proteste an, die vor allem von Menschen ausgingen, die in »Mischehen« mit bei der Aktion verhafteten Juden lebten. Die Tatsache, dass etwa 2000 Betroffene, die vorübergehend im Gebäude der jüdischen Gemeindeverwaltung in der Rosenstraße eingesperrt waren, nach wenigen Tagen freigelassen wurden, dürfte allerdings weder auf Goebbels' Intervention noch auf die Proteste der Angehörigen zurückzuführen sein: Der SD hatte vielmehr von Anfang an nicht vorgehabt, diese Personengruppe zu deportieren.[52]

Am 14. März bestärkte Hitler Goebbels in einem Telefonat in seiner Absicht, »die Juden so schnell wie möglich aus dem ganzen Reichsgebiet herauszubringen«. Darüber hinaus wies er ihn an, »in unserer Propaganda jetzt wieder die Judenfrage stärker herauszustellen; denn die Juden sind es ja schließlich, die England in die allmähliche Bolschewisierung hineintreiben«.[53]

Einige Tage später zeigte sich Hitler ihm gegenüber »außerordentlich betroffen« von der Tatsache, dass in Berlin auch nach den jüngsten Deportationen immer noch 17 000 Juden in sogenannten Mischehen lebten, und erteilte, wie Goebbels erfuhr, »Frick den Auftrag, die Scheidung solcher Ehen zu erleichtern und sie schon dann auszusprechen, wenn nur der Wunsch danach zum Ausdruck kommt«. Goebbels unterstützte diese Absicht voll und ganz.[54] Auf der Ministerkonferenz vom 1. April gab er die Anweisung, per Mundpropaganda die Zahl der frei gewordenen »Judenwohnungen« bekannt zu geben, um so der Bevölkerung zu vermitteln, welche Vorteile für sie aus den Deportationen erwüchsen.[55] Im Übrigen war er davon überzeugt, »daß ich mit der Befreiung Berlins von den Juden eine meiner größten politischen Leistungen vollbracht habe«.[56]

Intrigen, Machtspiele und Illusionen: Der »totale Krieg« findet nicht statt

Unter dem Eindruck der vermeintlich enormen Wirkung seiner Rede zum »totalen Krieg« und angesichts der Bestrebungen von anderer Seite, seine Einflussnahme auf den Dreierausschuss zu begrenzen, entwickelte Goebbels eine Alternative zu seinem ursprünglichen Plan, für sich die erhoffte zentrale Rolle in der inneren Politik über dieses Gremium durchzusetzen. Im Bündnis mit Speer, Ley und Funk unternahm er im März den Versuch, den »sogenannten Dreierausschuß durch Wiederbelebung des Ministerrats für die Reichsverteidigung zu neutralisieren«. Dieses Gremium, zu Kriegsbeginn als eine Art Kriegskabinett ins Leben gerufen, hatte diesen weit gesteckten Anspruch jedoch nicht erfüllt, sondern sich zum Instrument einer vereinfachten Gesetzgebung entwickelt, indem es im Umlaufverfahren Ministerratsverordnungen erließ – ohne überhaupt noch Sitzungen abzuhalten. Die angestrebte Reanimierung sollte darin bestehen, dass man dem zunehmend in Passivität verfallenden Vorsitzenden des nicht tagenden Gremiums, Göring, mit Goebbels einen dynamischen Stellvertreter zur Seite stellte. Goebbels wollte dann, laut seinem Tagebuch, mithilfe eines Kreises von etwa zehn Männern (alles »kapitale Figuren«) »regieren, d. h. eine innerpolitische Führung aufrichten«.[57] Göring empfing Goebbels Anfang März in Berchtesgaden und zeigte sich mit dem Plan einverstanden, die »Führungsaufgaben des Reiches aus dem Dreierausschuß an den Ministerrat für die Reichsverteidigung zu verlagern«. Als neue Mitglieder des Ministerrats kamen die Namen Himmler, Ley, Speer und Funk ins Spiel.[58]

Bei seinem nächsten Besuch im Führerhauptquartier in Winniza am 8. März musste Goebbels allerdings erfahren, dass das »Prestige Görings beim Führer kolossal gelitten« habe, ja, Hitler gab ihm unter vier Augen zu verstehen, er wolle Göring abberufen.[59]

Goebbels und Konsorten gaben ihren Plan dennoch nicht auf, sondern warteten lediglich auf eine günstige Gelegenheit, ihn an Hitler heranzutragen. Am 17. März trafen sich Goebbels, Speer, Ley und Funk erneut, diesmal auch mit Göring, und legten weitere Einzelheiten fest, um auf diese Weise eine »klare innerpolitische Führung« zu errichten, nicht zuletzt mit dem Ziel, Bormann und Lammers, beide Mitglieder des Dreierausschusses, aus ihrer zentralen innenpolitischen Stellung zu verdrängen und das dritte Mitglied, Keitel, auf seine militärische Funktion zu beschränken.[60]

Parallel zu seinen an Verschwörung grenzenden Bemühungen um die Ausbootung des Dreierausschusses nahm Goebbels weiterhin an den Sitzungen des Gremiums teil. Im Februar und März befasste man sich dort unter anderem mit so trivialen Themen wie der Vereinheitlichung des Lohnabzugs und der Vereinfachung der Steuergesetze, mit Einschränkungsmaßnahmen an den Universitäten, diversen Verwaltungsvereinfachungen sowie Restriktionen bei der Neueinstellung und Beförderung von Beamten.[61] Das war gewiss nicht die »innerpolitische Führung«, die Goebbels anstrebte.

Offensichtlich frustriert von der Arbeitsweise des Gremiums, profilierte sich Goebbels auf den Sitzungen vor allem als Antreiber und Scharfmacher: Am 27. Februar forderte er von der Wehrmacht »energischere Maßnahmen«, um die vorgesehenen Einziehungsziffern zu erreichen, und als Keitel intervenierte, hielt er diesem vor, wie »reformbedürftig« dessen Dienststellen seien. Am 16. März legte er dann bei der Beratung von Einschränkungsmaßnahmen an den Universitäten vor allem Wert auf die Feststellung, »daß die Töchter feiner Familien sich dem Studium zuwenden, um sich am Arbeitsdienst vorbeizudrücken«. In der gleichen Sitzung verlangte er bei der Beratung einer Verordnung gegen die Sabotage des »totalen« Kriegseinsatzes, in schweren Fällen die Todesstrafe einzuführen.[62]

In einer Reihe von Fällen lässt sich allerdings nachweisen, dass Goebbels in seinem Tagebuch seine Rolle in den Sitzungen überzeichnete und die von ihm errungenen »Erfolge« übertrieben darstellte, ja, vermutlich überschätzte. Viele Maßnahmen, die er als wortmächtiger Anwalt eines radikalen Kurses anmahnte oder bereits für durchgesetzt hielt, fanden jedenfalls ganz einfach nicht oder nur in sehr reduzierter Form statt.

So sah er zum Beispiel am 16. März die »Reform der Justiz [...] jetzt ganz nach meinen Gesichtspunkten« durchgeführt, insbesondere falle in Zukunft die Berufung im Zivilprozess fort; tatsächlich beschlossen wurde aber laut Protokoll lediglich eine Vereinfachung des Revisionsverfahrens.[63] In seinem Tagebuch schrieb Goebbels über die gleiche Sitzung, er habe sehr scharfe Kritik an der Art der Einziehungen zur Wehrmacht geübt, doch sein Beitrag wurde überhaupt nicht ins Protokoll aufgenommen, nachdem der Punkt auf Wunsch Keitels von der Tagesordnung gestrichen worden war. Ebenso rühmte er sich, die Auflösung der Reichszentrale für Raumordnung durchgesetzt zu haben, beschlossen wurde aber nur eine Einschränkung der Tätigkeit der Dienststelle.[64] Goebbels, der das Reiten im Tiergarten hatte verbieten lassen, gelang es auch nicht, durch Einschaltung Hitlers den gesamten Rennsport einzustellen. Hitler entschied vielmehr, dieser solle in reduzierter Form weitergehen, unter anderem mit dem Argument, dass »die Unterhaltung des breiten Publikums [...] auch im Kriege weiter aufrechterhalten werden« müsse.[65]

Mit seinen Vorschlägen zur Totalisierung des Krieges traf Goebbels im Dreierausschuss nicht nur auf wachsenden Widerstand, sondern er, der sich so stark in der Öffentlichkeit als Tribun des »totalen Krieges« profiliert hatte, geriet nun auch in Gefahr, für dessen halbherzige Umsetzung verantwortlich gemacht zu werden. Den SD-Berichten entnahm er einerseits Zustimmung für die geplanten Maßnahmen zum »totalen Krieg«, andererseits aber auch zunehmende Kritik, wonach die eingeleiteten Schritte nicht radikal genug seien. Es sei eben »noch kein Sturm losgebrochen [...], wie ich in meiner Sportpalastrede angekündigt habe«, stellte er hierzu fest.[66]

Als Goebbels Anfang März im SD-Bericht Klagen darüber las, dass sich »in die Propaganda für den totalen Krieg klassenkämpferische Tendenzen eingemischt hätten«, die auf Teile der Bevölkerung negativ wirkten,[67] reagierte er unmittelbar auf diese Kritik. Es sei nun einmal unvermeidlich, erklärte er in einem Artikel im *Reich*, dass der »totale Krieg« eine »gewisse Gleichmacherei« mit sich bringe; dies geschehe aber nicht »aus Neid oder Klasseninstinkt«, sondern aus »einer zweckbestimmten zwingenden Notwendigkeit heraus«.[68] In einem weiteren Artikel in der folgenden Ausgabe der Wochenzeitung legte er nach und empörte sich darüber, dass »beispielsweise ein paar Heißsporne die günstige Gelegenheit auszunutzen suchen, um ihre unverdauten Klasseninstinkte abzureagieren«.[69]

Ganz offenbar befürchtete Goebbels, der so gerne als Fürsprecher eines »sozialistischen Kurses« in der NSDAP aufgetreten war und sich noch im November des Vorjahres im *Reich* über den »Krieg als soziale Revolution« verbreitet hatte, er könne in den nicht ganz ungerechtfertigten Verdacht geraten, eine Art Kriegskommunismus einführen zu wollen.

Im weiteren Verlauf des Frühjahrs 1943 musste Goebbels feststellen, dass seine Vorstellungen zur Durchführung des »totalen Krieges« im Zuge der »langsam wiederaufkeimenden Frühlings- oder Sommerillusionen« innerhalb der Bevölkerung[70] von allen möglichen Instanzen zunehmend in Zweifel gezogen wurden; obendrein war Hitler selbst nur allzu gerne bereit, positiv auf entsprechende Gegeninitiativen zu reagieren. Dabei ging es, wie Goebbels notierte, um so unterschiedliche Dinge wie das Wiedererscheinen von Unterhaltungszeitschriften, die Wiedereröffnung von Spielbanken, Inkonsequenzen bei der Umsetzung der Frauenarbeitsdienstpflicht, die Aufhebung von Beschränkungen im Reiseverkehr und anderes mehr.[71] In dieses Bild passte auch, dass Hitler – zu Goebbels' großer Enttäuschung – nicht bereit war, Angehörige der Führungsschicht (u. a. Innenminister Frick, Außenminister Ribbentrop und Landwirtschaftsminister Walther Darré) zur Rechenschaft zu ziehen, die von Anfang 1943 aufgeflogenen Lebensmittelschiebereien des Berliner Delikatessenhändlers Nöthling profitiert hatten.[72]

Goebbels verfolgte zwar weiterhin die Idee, Göring für seine Pläne zur »Totalisierung« des Krieges einzuspannen. Doch kurz vor einer entscheidenden Sitzung am 12. April in Berchtesgaden, bei der unter Görings Vorsitz und mit Goebbels' massiver Unterstützung die Arbeitskräftemobilisierung neu justiert werden sollte – man wollte mehr deutsche Arbeitskräfte mobilisieren, anstatt auf immer mehr ausländische Zwangsarbeiter zurückzugreifen –, erlitt Goebbels »einen furchtbaren Nierenanfall«. Ohne seine »Orientiertheit und Sachkenntnis«, so hielt er im Tagebuch fest, habe freilich der Plan, in der Sitzung eine politische Wende einzuleiten, nicht aufgehen können.[73] Nachdem er die Situation Anfang Mai noch einmal mit Speer sowie mit Funk und Ley besprochen hatte, glaubte er nicht mehr, »daß es im Augenblick möglich ist, Göring zu einer Übernahme der inneren Führung zu bewegen«, da dieser »etwas abgekämpft« sei.[74]

Zwar gab sich Goebbels weiterhin überzeugt davon, dass der Diktator »vorbehaltlos« hinter dem Prinzip des »totalen Krieges«[75] stehe – eine Überzeugung, in der ihn auch Speer bestärkte[76] –, doch die Realität sah etwas anders aus: Am 9. Mai erklärte ihm Hitler zum Beispiel kategorisch, es dürfe »im totalen Krieg kein Krieg gegen die Frauen geführt werden [...], sobald man die Hand nach ihrer Schönheitspflege ausstreckt, wird man sie zum Feinde haben«. Spielbanken und Pferdewetten seien wiederum notwendig, um

Kaufkraft abzuschöpfen.[77] Ein paar Tage später musste Goebbels erfahren, dass Hitler strikt dagegen war, die für die Nachkriegszeit vorgesehene umfassende »Reichsreform« bereits, wie von Goebbels und seinen Mitstreitern geplant, »in bescheidenem Umfange auf kaltem Wege durch den totalen Krieg durchzuführen«.[78]

Trotz allem sah sich Goebbels in der Pflicht: »Das Volk verbindet die Gedanken und Vorstellungen des totalen Krieges mit meiner Person. Ich bin deshalb auch in gewisser Weise für die Fortsetzung des totalen Krieges öffentlich verantwortlich.«[79]

Für ihn bestand die Lösung dieses Dilemmas darin, das Thema »totaler Krieg« in den folgenden Monaten niedriger zu hängen und seinen Radikalismus eher auf anderen Politikfeldern auszuleben. So bot sich etwa die Gelegenheit, die Entdeckung der Massengräber von polnischen Offizieren, die durch die sowjetische Geheimpolizei erschossen worden waren, für eine groß angelegte antisemitische Propagandakampagne zu nutzen; und im weiteren Verlauf des Jahres fanden sich andere Herausforderungen. Erst ein gutes Jahr nachdem er seine Bemühungen um den »totalen Krieg« vorübergehend aufgegeben hatte, ergab sich für Goebbels die Chance, seine Pläne für eine »Totalisierung« des Krieges wieder aufzugreifen – und diesmal sollte er sich bei Hitler durchsetzen.

Vom »totalen Krieg« in die totale Niederlage

Im Sommer 1944, anderthalb Jahre nach der Sportpalastrede, sollte Goebbels einen weiteren Anlauf unternehmen, um sich als radikaler Vertreter des »totalen Krieges« zu profilieren und über seine Funktion als Propagandachef hinaus eine zentrale Führungsrolle an der deutschen »Heimatfront« zu erlangen.

Nach der Winterkrise 1941/42 und der Katastrophe von Stalingrad im Vorjahr sah sich das »Dritte Reich« nun mit einer neuen schweren militärischen Herausforderung konfrontiert: Die alliierten Truppen hatten nach ihrer Landung am 6. Juni in der Normandie einen Brückenkopf aufgebaut, der kontinuierlich und fast ungehindert mit weiteren Truppen und Material verstärkt wurde, während die Rote Armee die Konzentration deutscher Truppen an der Westfront nutzte, um im Zuge ihrer am 22. Juni begonnenen Sommeroffensive die Heeresgruppe Mitte zu zerschlagen, sodass eine breite Lücke in der östlichen deutschen Frontlinie entstand. Am 4. Juni hatte die Wehrmacht zudem Rom räumen müssen, und im Juli brach schließlich infolge des systematischen feindlichen Bombardements die für die Brennstoffversorgung der Wehrmacht entscheidende Produktion von synthetischem Treibstoff derart dramatisch ein, dass unter anderem kaum noch Flugzeugbenzin zur Verfügung stand.

Goebbels versuchte zunächst, Hitler wieder einmal in einem persönlichen Gespräch von der Notwendigkeit einer Totalisierung des Krieges zu überzeugen, stieß damit aber am 21. Juni auf dem Obersalzberg auf Ablehnung.[80] Um seine Vorstellungen dennoch durchzusetzen, suchte er daraufhin erneut das Bündnis mit Speer: Beide Minister verfassten Denkschriften, die sie dem Diktator vorlegten.

Während Speer[81] sich darauf konzentrierte, die bekannten Forderungen nach einer Intensivierung der Kriegsanstrengungen auszubreiten – vor allem Betriebsstilllegungen, mehr weibliche Arbeitskräfte und Abbau des Verwaltungspersonals –, und seine Argumentation mit Zahlenmaterial unterfütterte, ging es Goebbels in seiner Denkschrift[82] vom 18. Juli 1944 in erster Linie darum, Hitler darzulegen, dass es einer nationalen Willens- und Kraftanstrengung größten Ausmaßes bedürfe, um den Krieg wirklich »total« zu führen und damit letztlich für die Wende auf dem Schlachtfeld zu sorgen.

Dabei griff er zentrale Themen seiner Sportpalastrede auf: Es gehe darum, die Apparate von Wehrmacht und Verwaltung sowie das zivile Leben gründlich zu überholen, um hierdurch endlich den so dringend nötigen »echten Kriegszustand« zu erreichen. Zur Durchführung dieser Aufgaben machte er in einem fast schon fordernden Ton einen detaillierten Vorschlag: »Geben Sie, mein Führer, für jede zu lösende Aufgabe, die unschwer in einer gemeinsamen Besprechung bei Ihnen zu finden ist, einem Mann Ihres Vertrauens größte Vollmachten. Beauftragen Sie ihn, Ihnen in Kürze einen Plan des Prozedierens auszuarbeiten. Geben Sie einem dieser Männer den Auftrag, diese Pläne zu koordinieren und dann mit allen Beteiligten Ihnen zum Vortrag zu bringen, und dann soll jeder, mit Ihrem höchsten Vertrauen ausgestattet, an die Arbeit gehen.« Als Hauptanforderungen an diese Persönlichkeiten nannte er »Phantasie, politische Leidenschaft, tiefe Gläubigkeit«, also Eigenschaften, über die er, Joseph Goebbels, nach eigener Einschätzung reichlich verfügte. Auch der Umstand, dass die Denkschrift gespickt war mit Reminiszenzen an die gemeinsam durchlebte »Kampfzeit« und die glücklich überstandenen Krisen des Regimes, ließ sich nur als überdeutliche Selbstempfehlung verstehen. Das Ergebnis der vorgeschlagenen Maßnahmen, so versprach Goebbels, werde »ein nicht vorstellbarer Stimmungsaufschwung im ganzen Volk sein«.

Im Grunde verfolgte er also die gleiche voluntaristische Strategie wie im Vorjahr; sein Konzept des »totalen Krieges« war nicht technokratischer Natur wie bei Speer, sondern hatte völkisch-ideologische Wurzeln. Letztlich kam Speer in seiner Denkschrift aber zu der gleichen Schlussfolgerung wie Goebbels und forderte zur Lösung der Krise »eine neue, mit allen Vollmachten ausgestattete Persönlichkeit«; laut seinen Memoiren hatte er Goebbels bereits namentlich als geeigneten Kandidaten vorgeschlagen.[83] Dieser koordinierte interne Vorstoß der beiden NS-Politiker wurde von einer erneuten, im Vergleich zum Vorjahr allerdings begrenzten öffentlichen Kampagne begleitet, die Goebbels Anfang Juli mit einem Leitartikel im *Reich* unter dem provokanten Titel »Führen wir einen totalen Krieg?« sowie einer »aufrüttelnden« Rede in Breslau eingeleitet hatte.

Zwei Tage nachdem Goebbels seine Denkschrift abgeschlossen hatte, fand im Hauptquartier Wolfsschanze das Attentat auf Hitler statt. In dieser Situation konnte sich niemand in der Führungsspitze mehr ernsthaften radikaleren Kriegsanstrengungen widersetzen – ein Umstand, der Goebbels in die Hände spielte. Am 22. Juli konnte dieser daher während einer Besprechung bei Lammers feststellen, dass nicht nur der Reichskanzleichef und sein Verbündeter Speer, sondern auch Keitel und Bormann sich mittlerweile den Gedanken einer radikaleren Kriegsführung zu eigen gemacht hatten. Sie alle waren sich darin einig, wie Lammers es formulierte, Goebbels mit der umfassenden »Reform unseres öffentlichen Lebens« zu beauftragen.[84]

Goebbels sollte am Ende gleichwohl nicht die von ihm angestrebte »Gesamtkoordination« der Maßnahmen zum »totalen Krieg« zugesprochen bekommen, sondern lediglich Teilbereiche: Bereits am 20. Juli hatte Hitler nämlich Himmler zum Befehlshaber des Ersatzheeres ernannt und mit Sondervollmachten im militärischen Bereich ausgestattet. Am selben Tag hatte er zudem Bormann die Verantwortung für die Umsetzung des »totalen Krieges« innerhalb der NSDAP übertragen.[85] Speers Kompetenzen im Rüstungsbereich blieben ohnehin unangetastet.

Am 23. Juli wurden die Ergebnisse der Sitzung vom Vortag im Rahmen einer Besprechung unter Hitlers Leitung besiegelt. Die einzige Person in der Führungsriege, die noch Schwierigkeiten machte, war Göring, der bei der Sitzung vom 22. Juli gefehlt hatte. Er fühlte sich übergangen und erklärte schmollend, dass er nun »praktisch abdanken müsse«.[86] Daraufhin wurde der zwei Tage später ausgefertigte »Führererlaß über den totalen Kriegseinsatz«[87] so formuliert, dass Göring durch ein Vorschlagsrecht in die Ernennung des »Reichsbevollmächtigten« einbezogen war; da die Beauftragung von Goebbels ja bereits feststand, war dies jedoch eine rein formale Maßnahme, die wieder einmal nur dazu diente, das Prestige von Göring nicht zu beschädigen.

Schon dieses etwas umständliche Verfahren deutete darauf hin, dass Goebbels als künftiger »Reichsbevollmächtigter für den totalen Kriegseinsatz« keineswegs die umfassenden Vollmachten besaß, die sein Titel versprach. Wenn er trotzdem behauptete, »eine innere Kriegsdiktatur« sei quasi schon errichtet, und wenn er sich rühmte, er habe »die größten Vollmachten erhalten, die bisher im nationalsozialistischen Reich ausgegeben wurden« und den »wahrscheinlich größten Erfolg seines Lebens« erzielt,[88] dann übersah er – wie so oft, wenn es um seine persönliche Erfolgsgeschichte ging – geflissentlich einige durchaus gravierende und für ihn weniger erfreuliche Punkte.

So sah der Erlass zwar ein allgemeines Weisungsrecht des Reichsbevollmächtigten gegenüber den Obersten Reichsbehörden vor, skizzierte gleichzeitig aber bereits ein Einspruchsverfahren. Die Kompetenz für die Erstellung von »Rechtsvorschriften und grundsätzlichen Verwaltungsanordnungen« auf dem Gebiet des »totalen Krieges« blieb bei den Obersten Reichsbehörden, und auch auf die Bereiche Militär, Partei und Rüstung erhielt Goebbels keinen Zugriff. Einige Tage später reichte Lammers noch eine Liste nach, die neben seiner eigenen Kanzlei jene zentralen Dienststellen aufführte, die nicht den Anordnungen des Reichsbevollmächtigten unterworfen waren.[89]

Ungeachtet dessen stürzte sich Goebbels sogleich voller Energie in seine neuen Aufgaben. Am 3. August hielt er eine Rede vor den in Posen versammelten Gauleitern und gab sich hinterher in seinem Tagebuch davon überzeugt, dass er ihrer aktiven Mitarbeit sicher sein konnte.[90] Tatsächlich übernahmen die Gauleiter den Vorsitz von neu ins Leben gerufenen »Gaukommissionen«, in denen sich Behördenvertreter und Parteifunktionäre jeweils gemeinsam darum bemühen sollten, in den Verwaltungen für die Wehrmacht brauchbare Männer ausfindig zu machen, und das bis hinunter auf die Kreisebene.[91] Dabei ging es aber nur zum Teil darum, die Menschen im Sinne des »totalen Krieges« effektiver einzusetzen: Die Vertreter der Partei sahen nun nämlich auch die Chance, in dem seit 1933 währenden Machtkampf mit dem Staat und seinen Institutionen endgültig die Oberhand zu gewinnen. Die Gegenseite setzte sich jedoch gegen den ihrer Ansicht nach allzu offenkundigen Versuch, die staatliche Bürokratie abzuwürgen, nach Kräften zur Wehr.[92]

Ebenfalls im August ermahnte Goebbels in einem Rundschreiben die Obersten Reichsbehörden, in den Verwaltungen solle künftig so lange gearbeitet werden, »bis die anfallende Arbeit erledigt« sei, mindestens jedoch sechzig Stunden in der Woche. In einem weiteren Rundschreiben wies er die Behörden zudem an, zu einem »Kriegsstil« überzugehen und auf Empfänge, Amtseinführungen, Gedenkfeierlichkeiten etc. künftig zu verzichten.[93]

Wie er es schon 1943 beabsichtigt hatte, setzte Goebbels nun das Höchstalter für die Frauenarbeitspflicht von 45 auf 50 Jahre hoch;[94] eine weitere Erhöhung auf 55 Jahre sagte Hitler ihm zwar zu, sie trat aber nie in Kraft.[95] Goebbels bemühte sich außerdem vor allem darum, durch Stilllegungs- und Vereinfachungsmaßnahmen Kräfte aus der Verwaltung sowie aus nicht kriegswichtigen Industrien und Dienstleistungsbereichen abzuziehen. So wurden unter anderem Zustelldienste der Reichspost reduziert, Fahrscheinkontrollen bei der Reichsbahn vereinfacht, Presseorgane eingestellt, Fachschulen geschlossen, das »Fragebogenunwesen« angeblich beseitigt und alle Kongresse und Tagungen abgesagt. Über all diese Schritte hielt Goebbels Hitler in sogenannten Führerinformationen auf dem Laufenden.[96]

Sehr schnell musste der Reichsbevollmächtigte jedoch feststellen, dass er etliche der von ihm so großartig angeordneten Maßnahmen gar nicht durchsetzen konnte, weil ihm die dafür nötigen Zugriffsmöglichkeiten in die Geschäftsbereiche anderer Ministerien fehlten. Obendrein machten sich alsbald überall starke Beharrungskräfte bemerkbar. Goebbels wollte sich freilich nur halb eingestehen, dass diese Kräfte ihre wichtigste Stütze in Hitler selbst hatten, der, wie schon im Vorjahr, befürchtete, zu viel »totaler Krieg« könnte allgemeines Chaos und ein weiteres Sinken des Stimmungsbarometers zur Folge haben.

Immerhin setzte Goebbels noch im August gegen Hitlers »sehr starken Widerstand« die Schließung von Theatern, Orchestern und Varietés durch,[97] allerdings musste er sich noch Monate danach mit Einsprüchen und Wiedereröffnungsversuchen herumschlagen.[98]

Hitler verhinderte wiederum die von Goebbels angestrebte Einstellung der Aufgabe von Päckchen und Privattelegrammen,[99] und er wandte sich auch gegen den Produktionsstopp bei Bier und Süßwaren.[100] Der von Goebbels betriebenen Stilllegung von Kunstzeitschriften erteilte Hitler im August zunächst zwar seine Zustimmung, dann ließ er sich jedoch durch einen Einspruch von interessierter Seite dazu bewegen, diese Maßnahme auf den 1. Januar 1945 zu verschieben.[101]

Lammers und Bormann intervenierten erfolgreich bei Hitler gegen Goebbels' Absicht, das von Göring eisern gehaltene Amt des Preußischen Ministerpräsidenten aufzuheben, und auch die beabsichtigte Auflösung des Reichswirtschaftsministeriums und weiterer Oberster Reichsbehörden konnten sie verhindern.[102] Demzufolge war Hitler offenbar keineswegs bereit, im Zuge des »totalen Krieges« die von vielen Fachleuten geforderte Reform der Reichsverwaltung vorzunehmen.[103]

Goebbels legte Monatsquoten für die aus Verwaltung, Dienstleistungen und Rüstungsindustrie abgezogenen künftigen Soldaten fest (zum Beispiel 300 000 Mann für den August) und bemühte sich darum, den kriegswichtigen Industrien im Gegenzug Ersatzkräfte – vor allem ältere Frauen und freigesetzte Verwaltungskräfte – zu organisieren.[104] Diese Pläne ließen sich jedoch nur zum Teil verwirklichen und wirkten sich sogar kontraproduktiv aus. So hatte sich Goebbels vorgenommen, der Wehrmacht in den Monaten August bis Oktober insgesamt 700 000 Mann zur Verfügung zu stellen, bis zum Jahresende traten dort aber nur rund 500 000 Mann an.[105] Die Wehrmacht kam ihrerseits nicht mit der Ausbildung der Rekruten hinterher, sodass viele bereits freigestellte hochqualifizierte Facharbeiter beschäftigungslos herumsaßen;[106] die Arbeitsämter wiederum konnten nur einen Bruchteil der sich meldenden Kräfte unterbringen, und so war oft Arbeitslosigkeit die Folge.[107]

Die von Goebbels angestrebte »unbürokratische« Arbeitsweise hatte unter anderem zur Folge, dass sich seine eigenen Arbeiten und deren Effizienz kaum anhand von Akten nachweisen oder bewerten lassen, allenfalls bruchstückhaft und indirekt, zum Beispiel anhand seiner Tagebücher. Letztere vermitteln vor allem eine gute Vorstellung von der sprunghaften Arbeitsweise des Reichsbevollmächtigten, der sich auf immer neue Aufgaben stürzte und massiven Druck auf seine Ministerkollegen auszuüben suchte. Letztere machte er dann für die ausbleibenden Erfolge verantwortlich, während er angeblich erzielte Leistungen stets für sich reklamierte – und schon hatte er wieder eine neue Aufgabe gefunden, die er mit ebenso großem Enthusiasmus und ebenso zweifelhafter Effizienz anging.

Für Goebbels ging es letztlich auch gar nicht um eine in Zahlen messbare Leistungsbilanz. Vielmehr wollte er mit seiner rastlosen Tätigkeit vor allem die »Optik des Krieges« entscheidend verbessern, also das öffentliche Erscheinungsbild des »Dritten Reiches« ganz auf den Krieg ausrichten und möglichst wenig Raum für störende Diskussionen über die konkrete Kriegssituation oder gar über die drohende Niederlage zulassen. Seine Vollmachten boten ihm immerhin zahlreiche Gelegenheiten, in die interne Organisation der Ministerien seiner geschätzten Kollegen einzugreifen und zum Beispiel mit seinem Haus konkurrierende Propagandaeinrichtungen zu schließen.[108]

Im Dezember 1944 dehnte Hitler Goebbels' Kompetenzen auch auf die Wehrmacht aus: Nun konnte dieser mithilfe der Gauleitungen alle Dienststellen im Heimatkriegsgebiet überprüfen, um so Soldaten für die Front freizustellen. Allein im Januar 1945 verzeichnete die Wehrmacht Verluste von 450 000 Mann, in den verbleibenden Kriegsmonaten sollten jeweils an die 300 000 Soldaten fallen; hinzu kamen die vielen Soldaten, die in Kriegsgefangenschaft gerieten oder infolge schwerer Verwundung nicht mehr einsetzbar waren.[109] Angesichts dieser Dimensionen konnte Goebbels trotz aller Anstrengungen den Wettlauf mit dem Tod auf den Schlachtfeldern des Zweiten Weltkrieges nur verlieren. Im Endergebnis trug der Reichsbevollmächtigte in erheblichem Maße dazu bei, dass in der finalen Kriegsphase noch Hunderttausende oberflächlich ausgebildete und unzureichend bewaffnete[110] deutsche Männer an die immer mehr zusammenrückenden Fronten geschickt wurden, wo ein hoher Prozentsatz von ihnen ums Leben kam, während das eigene Land in weiten Teilen bis zur Unkenntlichkeit zerstört wurde.

Goebbels' »totaler Krieg« endete de facto in der totalen Niederlage.

Dank

Ich bedanke mich bei allen Mitarbeiterinnen und Mitarbeitern der besuchten Archive und Bibliotheken sowie bei allen, die dazu beigetragen haben, dass aus dem Manuskript ein Buch wurde: bei meinem Lektor Ludger Ikas, der Korrektorin Verena Simon sowie den Mitarbeitern des Siedler Verlags Tobias Angermann, Jens Dehning und Arno Matschiner. Und ich bedanke mich bei Christian Schröder (Berlin) für den Hinweis auf ein Foto, das die Anwesenheit von Eugen Klöpfer und Bernhard Minetti während der Rede dokumentiert.

Verzeichnis der benutzten Archive

Bayerisches Hauptstaatsarchiv

BAB	Bundesarchiv, Abt. Berlin	
	R 43 II	Neue Reichskanzlei
BAK	Bundesarchiv, Abt. Koblenz	
	NL 1118	Nachlass Goebbels
	ZSg 102	Sammlung Sänger zur Pressepolitik des NS-Staats
	ZSg 109	Sammlung Oberweitmann zur Pressepolitik des NS-Staats
BAM	Bundesarchiv, Abt. Militärarchiv Freiburg	
	RH 15	OKH/Allgemeines Heeresamt (AHA)

Osoby-Archiv Moskva/Moskauer Sonderarchiv

Fonds 1363-3	Reichsministerium für Volksaufklärung und Propaganda (Goebbels' Ministerkonferenzen)

Anmerkungen

Einleitung

1 Kellerhoff, Sven Felix, »Wie Goebbels seine diabolische Rede inszenierte«, in: *Die Welt*, 18. Februar 2013 (https://www.welt.de/geschichte/zweiter-weltkrieg/article113703756/Wie-Goebbels-seine-diabolische-Rede-inszenierte.html); Seligmann, *Hitler*, S. 273 und 275.
2 Zum Beispiel in: Regenhardt (Hg.), *Forum Geschichte 9/10*, S. 187; oder Sauer (Hg.), *Geschichte und Geschehen*, S. 224.
3 Ludendorff, *Der totale Krieg*. – Ludowici, *Totale Landesverteidigung*; Stichwort »Krieg«, in: Franke (Hg.), *Handbuch der neuzeitlichen Wehrwissenschaften*; Fischer, *Wehrwirtschaft*; Ernst Jüngers Essay »Die totale Mobilmachung«; sowie Forsthoff, *Der totale Staat* waren allesamt wichtige Wegbereiter der Ludendorff'schen Begriffsbildung. Zur Begriffsgeschichte siehe auch Förster, *Totaler Krieg und Blitzkrieg*, sowie Herbst, *Der Totale Krieg und die Ordnung der Wirtschaft*, S. 35 ff.
4 Bernhardi, *Vom Krieg der Zukunft*; Hesse, *Der Feldherr Psychologos*; Ritter, *Der Zukunftskrieg und seine Waffen*; Soldan, *Der Mensch in der Schlacht der Zukunft*; Jünger, »Die totale Mobilmachung«.
5 Ludendorff, *Der totale Krieg*, S. 48.
6 Ebenda, insb. S. 11 ff.
7 Literatur zur Sportpalastrede: Boelcke, »Goebbels und die Kundgebung im Berliner Sportpalast vom 18. Februar 1943«; Fetscher, *Joseph Goebbels im Berliner Sportpalast 1943*; Kegel, »*Wollt Ihr den totalen Krieg?*«; Moltmann, »Goebbels› Rede zum totalen Krieg am 18. Februar 1943«.

1 Vorgeschichte

1 Die folgenden Ausführungen zu Goebbels' Persönlichkeit, seiner Karriere und seinem Verhältnis zu Hitler folgen meiner Goebbels-Biografie aus dem Jahre 2010. Im Übrigen siehe zur Person vor allem Hachtmeister/Kloft (Hg.), *Das Goebbels-Experiment*; Heiber, *Joseph Goebbels*; Reuth, *Goebbels*; Thacker, *Joseph Goebbels*.

2 Goebbels TB, 22. November 1930 (über die Veranstaltung am Vortag).

3 Goebbels TB, 31. Januar 1940.

4 Zu Goebbels' Politik in der Winterkrise siehe im Einzelnen Longerich, *Goebbels*, S. 495 ff.

5 So in dem von ihm als richtungsweisend angesehenen Artikel »Wann oder Wie?« in der Wochenzeitschrift *Das Reich* vom 9. November 1941.

6 Goebbels TB, 2. Januar 1942.

7 Gröhler, *Bombenkrieg gegen Deutschland*, S. 36 ff.

8 Goebbels TB, 9., 24., 25., 28., 30. und 31. Juli sowie 12. August 1942; Osoby-Archiv Moskau, Bestand 1363-3 (Ministerkonferenzen), 7. Juli und 15. August 1942.

9 Goebbels TB, 20. August 1942. Auch die folgenden Zitate.

10 Siehe hierzu Goebbels TB, 13. bis 16. August 1941.

11 Goebbels TB, 18. August 1941.

12 Goebbels TB, 19. August 1941.

13 Wegner, »Der Krieg gegen die Sowjetunion 1941/43«, S. 976 ff.

14 Goebbels TB, 15. September 1942.

15 Goebbels TB, 16. September 1942; Osoby-Archiv, 1363-3 (Ministerkonferenzen), 16. September 1942; Presseanweisungen: BAK, ZSg 109/37, gedr. in: Boelcke (Hg.), *Wollt ihr den totalen Krieg?*, S. 363 sowie BAK, ZSg 102/40, 16. September 1942 (Mittag), 1. Tagesparole.

16 Longerich, *Goebbels*, S. 490.

17 Osoby-Archiv, 1363-3 (Ministerkonferenzen), 26. September 1941.

18 Goebbels TB, 27. September 1941, siehe auch 1. Oktober 1941.

19 Hitler, *Reden und Proklamationen*, S. 1913 ff., bes. S. 1916.

20 Goebbels TB, 2. Oktober 1942.

21 Goebbels TB, 8. Oktober 1942, auch 11., 15., 16., 23. sowie 25. Oktober 1942.

22 Goebbels TB, 23. Oktober 1942.

23 So seine Selbsteinschätzung in TB, 1. und 2. Oktober 1942.

24 *Das Reich*, 18. Oktober und 1. November 1941.
25 Wegner, »Der Krieg gegen die Sowjetunion 1941/43«, S. 995 ff.
26 Goebbels TB, Einträge ab dem 21. Oktober 1942, Zitat 26. Oktober 1942.
27 Stumpf, »Der Krieg im Mittelmeerraum 1942/43«, S. 671 ff. sowie S. 688 ff.
28 *Das Reich*, 8. November 1942, »Vor die Probe gestellt«.
29 Alliierte Landung: Stumpf, »Der Krieg im Mittelmeerraum 1942/43«, S. 710 ff.
30 Hitler, *Reden und Proklamationen*, Bd. 2, S. 1933 ff.
31 Stumpf, »Der Krieg im Mittelmeerraum 1942/43«, S. 720 ff.
32 Goebbels TB, 23. Dezember 1942.
33 Wegner, »Der Krieg gegen die Sowjetunion 1941/43«, S. 997 ff.
34 Verordnung über die Reichsverteidigungskommissare und die Vereinheitlichung der Wirtschaftsverwaltung vom 16. November 1942, *Reichsgesetzblatt* 1942 I 649 ff.
35 Goebbels TB, 26. November 1942.
36 Goebbels TB, 27. November 1942.
37 Goebbels TB, 28. November 1942.
38 Einzelheiten bei Longerich, *»Davon haben wir nichts gewusst!«*, S. 222 ff.
39 In seiner Neujahrsansprache 1942 sprach er noch von »Vernichtung«, dann benutzte er in seiner Rede zum 30. Januar 1942 den Begriff »Ausrottung«, ebenso in der Erklärung zur Parteigründungsfeier am 24. Februar, in der Sportpalastrede am 30. September 1942 sowie bei der Ansprache zur Gedenkfeier am 9. November 1942 (Hitler, *Reden und Proklamationen*, Bd. 2, S. 1828 f., 1844, 1920, 1937 und 1992).
40 Vertrauliche Informationen der Partei-Kanzlei, Folge 66, 9. Oktober 1942, gedr. in: Peter Longerich (Hg.), *Die Ermordung der europäischen Juden*, S. 433 f.
41 Laqueur, *Was niemand wissen wollte*, S. 186.
42 Ebenda, S. 209 ff.
43 Goebbels TB, 5., 6. und 9. Dezember 1943.
44 Die Protokolle der Konferenzen, aus denen im Folgenden zitiert wird, befinden sich im Osoby-Archiv Moskau unter der Signatur 1363-3-26.
45 Ebenda, 14. Dezember 1942.
46 Goebbels TB, zum Beispiel 27. November 1942 und 18. Dezember 1943.

47 Goebbels TB, 11., 12. und 15. Dezember 1942.
48 Goebbels TB, 22. und 23. Dezember 1942.
49 Goebbels TB, 18. und 23. Dezember 1942.
50 Goebbels TB, 23. Dezember 1942.
51 *Das Reich*, 27. Dezember 1942, »Die Vollendeten«; Goebbels TB, 16. Dezember 1942.
52 Goebbels TB, 29. Dezember 1942.
53 Goebbels TB, 29. November und 18. Dezember 1942.
54 Goebbels TB, 5. Januar 1943.
55 Goebbels TB, 3. Januar 1943; BAB, R 43 II/655; siehe hierzu Herbst, *Der Totale Krieg*, S. 199 ff.
56 Goebbels TB, 3. Januar 1943 (Göring), 5. Januar 1943 (General von Unruh, Lammers, Gauleiter Terboven).
57 Boelcke (Hg.), *Wollt ihr den totalen Krieg?*, 4. bis 6. Januar 1943.
58 Goebbels TB, 5., 7. und 8. Januar 1943.
59 Goebbels TB, 9. Januar 1943; BAB, R 43 II/655, Einladung und Protokoll; zu der Besprechung und den folgenden Maßnahmen: Rebentisch, *Führerstaat*, S. 474 ff.; Herbst, *Der Totale Krieg*, S. 199 ff.; Kroener, »›Menschenbewirtschaftung‹«, S. 847 ff.
60 Goebbels TB, 10. sowie 13. Januar 1943 über Gespräche mit Bormann und Speer; die Tagebücher in diesen Tagen sind voll von weiteren Bekenntnissen Goebbels' zur Notwendigkeit des »totalen Krieges«.
61 Zur Erstellung des Artikels siehe Goebbels TB, 3. Januar 1943. Siehe auch bereits »Die Heimat im Kriege«, *Das Reich*, 3. Januar 1943, auch in: Goebbels, *Die Zeit ohne Beispiel*, S. 113–120, wo er sich überwiegend lobend über die Leistungen der Heimatfront geäußert hatte.
62 Goebbels TB, 16. Januar 1943.
63 *Das Reich*, 24. Januar 1943; Goebbels TB, 13. Januar 1943.
64 Moll (Hg.), »*Führer-Erlasse*«, Dokument Nr. 222. Die Meldepflicht war vorgesehen für Männer vom 17. bis zum 65., für Frauen vom 17. bis zum 50. Lebensjahr; zur Kommentierung siehe Goebbels TB, 15. Januar 1943.
65 Goebbels TB, 5. Januar 1943 nach Gespräch mit Lammers.
66 Goebbels TB, 16. Januar 1943, siehe auch 17. Januar 1943.
67 Goebbels TB, 18. Januar 1943.
68 Goebbels TB, 21. Januar 1943.
69 Goebbels TB, 3., 4., 8. und 9. Januar 1943.
70 Goebbels TB, 13. Januar 1943.

71 Goebbels TB, 15. Januar 1943.

72 Und zwar in der verklausulierten Formulierung, die deutschen Truppen in der Stadt »stünden seit Wochen [!] in heldenmütigem Abwehrkampf gegen den von allen Seiten [!] angreifenden Feind«: *Die Berichte des Oberkommandos der Wehrmacht 1939–1945*, Bd. 4, S. 20.

73 Goebbels TB, 17. Januar 1943. Über die Stimmungsverschlechterung auch 20. und 24. Januar 1943.

74 Goebbels TB, 1. bis 21. Januar 1943.

75 Goebbels TB, 24. Januar, ebenso 25. und 31. Januar 1943.

76 Goebbels TB, 17. Januar 1943.

77 Goebbels TB, 23. Januar 1943.

78 BAK, ZSg 109/Vertrauliche Informationen vom 23. Januar 1943.

79 Goebbels erweckt zwar in seinem TB den Eindruck, man habe diese Entscheidung gemeinsam getroffen, doch angesichts der Gesamthaltung Hitlers in der Frage der Frauenarbeit dürfte die Entscheidung maßgeblich auf ihn zurückgegangen sein.

80 Goebbels TB, 24. Januar 1943.

81 Goebbels TB, 25. Januar 1943.

82 Ebenda.

83 Goebbels TB, 26. Januar 1940.

84 Goebbels TB, 2. und 5. Februar 1940.

85 Goebbels TB, 27. Januar 1943.

86 Goebbels TB, 29. Januar 1943, Niederschrift in BAB, R 43 II/654a. Beschlossen wurden auf der Sitzung die Endfassung der Verordnung zur Freimachung von Arbeitskräften für kriegswichtigen Einsatz (*Reichsgesetzblatt* 1943 I 75 f.), die durch drei Runderlasse vom 30. Januar 1933 ausgeführt werden sollte (R 43 II/662). Der Abschlussbericht des Dreiergremiums vom Sommer 1944 bezifferte die Zahl der durch die Stilllegungsaktion frei gewordenen Kräfte auf 150 000 (R 43 II/664a).

87 Goebbels TB, 28. Januar 1943.

88 7. Februar 1943, auch gedr. in: Goebbels, *Der steile Aufstieg*, S. 159–166. Ähnliche Ansichten finden sich bereits in dem Artikel »Der Blick nach vorne«, der am 31. Januar erschien (ebenfalls gedr. in: Goebbels, *Der steile Aufstieg*, S. 151–158).

89 Goebbels TB, 19., 21. und 23. Januar 1943.

90 Goebbels TB, 30. Januar 1943 zur Vorbereitung.

91 *Deutsche Allgemeine Zeitung*, 27. Januar 1943, »Churchill bei - Roosevelt«; *Frankfurter Zeitung*, 27. Januar 1943, »Der Ruf nach ›Koordination‹. Churchill trifft sich mit Roosevelt – Wer soll in Afrika befehlen?«

92 »England läuft den USA nach, Dritter Besuch Churchills bei Roosevelt«.

93 Goebbels TB, 26. Januar, auch 27. Januar 1943: Danach wisse man nicht, wo sich die »Obergangster« getroffen hätten. Zur Konferenz: Pötzl, *Casablanca 1943*.

94 *Völkischer Beobachter*, 28. Januar 1943.

95 Goebbels TB, 28. Januar 1943.

96 Auf der Ministerkonferenz vom 27. Januar 1943, gedr. in Boelcke (Hg.), *Wollt ihr den totalen Krieg?*

97 Zur weiteren Berichterstattung führender Blätter: *Deutsche Allgemeine Zeitung*, 28. Januar 1943, »Roosevelt tagte in Casablanca. Mit Churchill, Giraud und de Gaulle, aber ohne einen Vertreter Stalins«; 29. Januar 1943, »Das Weiße Haus in der östlichen Hemisphäre« und »Was England an Casablanca vermißt«; *Frankfurter Zeitung*, 28. Januar 1943, »Das Zusammentreffen Churchills mit Roosevelt«; 29. Januar 1943, Leitartikel: »Was in Casablanca nicht erreicht worden ist«; *Völkischer Beobachter*, 1. Februar 1943, Leitkommentar: »Nachtrag zu Casablanca«.

98 Ministerkonferenz, 27. Januar 1943. Überraschenderweise findet sich in der gleichlautenden Berichterstattung der brandenburgischen Provinzpresse, nämlich im *Seelower Tageblatt* und im *Teltower Kreisblatt* vom 28. Februar 1943, eher beiläufig ein Hinweis auf die geforderte »bedingungslose Uebergabe« (»Der Bluff von Casablanca«).

99 Goebbels TB, 28. Januar 1943.

100 *Völkischer Beobachter* (Nürnberger Ausgabe) 31. Januar 1943, »Die Proklamation des Führers am 30. Januar 1943: Deutschlands Antwort: Kampf und Sieg!« (Schlagzeile). Der Text der Goebbels-Rede folgte am kommenden Tag: »Reichsminister Dr. Goebbels im Berliner Sportpalast: ›Wilde Entschlossenheit erhebt unsere Herzen‹«. Die hier verwendeten Zitate folgen indessen der Originalaufnahme, wie bei Heiber (Hg.) *Goebbels-Reden 1932–1945*, Bd. 2, auszugsweise auch bei archive.org.

101 Goebbels TB, 31. Januar 1943.

102 Ebenda.

103 Boberach (Hg.), *Meldungen aus dem Reich*, Bd. 12, 1. Februar 1943, S. 4732 f.

104 Goebbels TB, 4. Februar 1943, auch 5. Februar 1943.

105 Goebbels TB, 5. Februar 1943.

106 Goebbels TB, 31. Januar/1. Februar 1943.

107 Goebbels TB, 2. Februar 1943.

108 Goebbels TB, 3. Februar 1943.

109 Ebenda.

110 Goebbels TB, 4. Februar 1943; ZSg 109/4.2.43, Tagesparole 1.

111 *Das Reich*, 14. Februar 1943, »Unser Wille und Weg«; Goebbels TB, 4. Februar 1943.

112 Goebbels TB, 6. Februar 1943, auch 7. Februar 1943.

113 Sauckels Referat: Dok. 1739-PS, gedr. in: *International Military Tribunal*, Bd. 27, S. 584 ff. Goebbels TB vom 6. Februar 1942 geht auf diese inhaltliche Differenz nicht ein, sondern kritisiert das Referat als »langweilig« und zu wenig instruktiv im Hinblick auf die künftigen Aufgaben der Gauleiter.

114 Goebbels TB, 6. Februar 1943.

115 Goebbels TB, 8. Februar 1943.

116 Goebbels TB, 11. Februar 1945. Im Protokoll (BAB, R 43II/654a) fanden diese Äußerungen allerdings keinen Niederschlag.

117 Goebbels TB, 13. Februar 1943.

118 BAB, R 43 II/655, Vermerke Lammers, 6. März und 10. Mai 1943.

119 Goebbels TB, 12. Februar 1943.

120 Goebbels TB, 15. Februar 1943. Die Meldungen aus dem Reich vom 11. Februar 1942 konstatierten, dass »durch Stalingrad im ganzen Volke eine starke und tiefgreifende nationale Besinnung ausgelöst« worden sei, man forderte tatkräftiges Handeln sowie eine »sehr offene und nüchterne Prüfung der gesamten Grundlagen des politischen Lebens« (Bd. 12, S. 4783).

121 Goebbels TB, 15. Februar 1943, auch 16. und 18. Februar 1943.

122 BAK, ZSg 109/41, Vertrauliche Information vom 18. Februar 1943, II. Erläuterungen zur Tagesparole.

123 BAK, ZSg 102/42, 18. Februar (M), 10.

124 Goebbels TB, 18. Februar 1943.

125 *Das Reich*, 28. Februar 1942, auch in: Goebbels, *Der steile Aufstieg*, S. 205–212.

2 Goebbels' Rede zum »totalen Krieg« – Text und Kommentar

1 Zur Geschichte des Sportpalasts siehe die Beiträge in: Arenhövel (Hg.), *Arena der Leidenschaften*. Dort findet sich auch eine Übersicht aller Veranstaltungen.
2 Christa Schreier, »Der Sportpalast in seiner baulichen Entwicklung«, in: ebenda, S. 16–38, S. 17.
3 Goebbels TB, 15. September 1930.
4 Goebbels TB, 26. September 1938.
5 Goebbels TB, 19. August 1941.
6 Albert Speer, *Erinnerungen*, S. 269.
7 In der zum Nachdruck freigegebenen Version wurde der Satz geändert: »Deutschland jedenfalls hat nicht die Absicht, sich dieser Bedrohung zu beugen, sondern vielmehr die, ihr rechtzeitig und wenn nötig mit den radikalsten Gegenmaßnahmen entgegenzutreten.«
8 Hitler, *Reden und Proklamation*, S. 1978; *Judenverfolgung und jüdisches Leben unter den Bedingungen der nationalsozialistischen Gewaltherrschaft*, Bd. 1, Nr. 136.
9 Siehe Kapitel 1, Anm. 40.
10 Longerich, *Propagandisten im Krieg*, S. 97 ff.
11 *Das Reich*, 4. Oktober 1942 (»Das neue Europa«) sowie 15. November 1942 (»Die neue Ordnung«).
12 Longerich, *Goebbels*, S. 530 f.
13 Ebenda, S. 553.
14 *Völkischer Beobachter* (Berliner Ausgabe), 20. April 1942, »In Dankbarkeit und Treue«. Hierzu Longerich, *Goebbels*, S. 511 f.

3 Nach der Rede

1 Goebbels TB, 19. Februar 1943.
2 Ebenda.
3 Goebbels TB, 20. Februar 1943.
4 Goebbels TB, 21. und 22. Februar 1943.
5 Ich greife hier – sofern nicht anders angegeben – vor allem auf die Untersuchung von Iring Fetscher zurück, der ein knappes Drittel seines Goebbels-Buches den internationalen Pressereaktionen auf

die Sportpalastrede gewidmet hat. Als Ergebnis seiner aufwendigen Recherchen in mehreren Dutzend Zeitungen bietet er dem Leser lange Zitate bzw. wörtliche Übersetzungen aus den Originalbeiträgen, die im Folgenden auszugsweise zitiert werden.

6 Fetscher, *Goebbels*, S. 180 ff., hebt insbesondere den Kommentar des Berliner Korrespondenten von *ABC* vom 20. Februar 1943 hervor, der vollkommen auf der Linie der deutschen Propaganda lag.

7 Fetscher, *Goebbels*, S. 211 ff.

8 Goebbels TB, 20. und 21. Februar 1943.

9 Fetscher, *Goebbels*, S. 161 ff.

10 »Rede Dr. Goebbels über die Kriegsanstrengungen Deutschlands« sowie »Die Kundgebung im Sportpalast«.

11 Goebbels TB, 21. Februar 1943.

12 *NZZ*, 19. Februar 1943, »Die Kundgebung im Sportpalast«.

13 Fetscher, *Goebbels*, S. 187 ff.

14 Ebenda, S. 161 ff.

15 *The Times*, Late London Edition, »Goebbels's Gloom«.

16 »Goebbels Ask Total Unity before Red ›Invasion‹ Threat«.

17 21. Februar 1943, Section 4, Seite 3, Edwin L. James, »Herr Goebbels Finds The Going Very Hard«.

18 »Red Army Running Wild, Reich in Peril, Goebbels Warns«.

19 Section Seite 6 B. »Playing At Peace« – Der Autor stützte sich dabei vor allem auf Goebbels' brüske Ablehnung eines »holden Friedensscheines«, der sich allerdings auf die Lebensweise privilegierter Bevölkerungskreise bezog.

20 So nennt Fetscher u. a. *Basler Bund*, *Manchester Guardian*, *Daily Herald* und *Boston Daily Globe* (S. 162, 211 ff., 224, 226 und 238).

21 Goebbels TB, 20. Februar 1943.

22 *Chicago Daily Tribune* brachte am 19. Februar eine kurze Inhaltsangabe auf Seite 1, die *Los Angeles Times* eine ebensolche einspaltig auf Seite 3, gefolgt von einem Kommentar am 20. Februar.

23 Goebbels TB, 20. Februar 1943.

24 Goebbels TB, 21. und 24. Februar 1943.

25 Gedr. in: *Meldungen aus dem Reich*, Bd. 12, S. 4831 ff.

26 Bayerisches Hauptstaatsarchiv, Staatskanzlei: Regierungspräsidentenberichte: Oberbayern, 10. März 1943 (Nr. 6671), Ober- und Mittel-

franken, 8. März 1943 (Nr. 6679), Niederbayern und Oberpfalz, 10. März 1943 (Nr. 6674), Unterfranken, 10. März 1943 (Nr. 6681), Schwaben, 10. März 1943 (Nr. 6684).

27 Schütz (Hg.), *Bamberger Berichte*, S. 70.

28 Oldenhage, »Die Pfalz und das Saarland während des Krieges (1940–1945)«, Zitat S. 368. Von Oldenhage stammt auch die hier wiedergegebene Einschätzung des Präsidenten Karl Siegel (S. 307).

29 Bericht des Leiters der Abt. Propaganda des Ministeriums über den ersten Eindruck der Rede auf Grundlage der vorliegenden Meldungen der Reichspropagandaämter, 19. Februar 1943, zitiert nach Steinert, *Hitlers Krieg*, S. 335.

30 Aus den Akten des Propagandaministeriums, zitiert nach Steinert, *Hitlers Krieg*, S. 335 f.

31 Grub, *Der Briefwechsel der Eltern Hermann und Lore Grub*, Bd. 1, S. 319 f.

32 Kempowski, *Echolot*, 19. Februar 1943, S. 178.

33 Margarete Liebel an Christian Krause, 18. Februar 1943, in: Krause (Hg.), *Fremde Eltern.*

34 Ebenda, S. 281 und 283.

35 Kellner, *Vernebelt, verdunkelt sind alle Hirne*, 19. Februar 1943.

36 Andreas-Friedrich, *Der Schattenmann*, S. 107 (19. Februar 1943).

37 Mehs, *Tagebücher*, Bd. 2, 18. Februar 1943.

38 Klemperer, Ich will Zeugnis ablegen bis zum letzten, Bd. 2, 19. Februar 1943. Tatsächlich lautete die Drohung in der gedruckten Fassung, man ginge »mit den radikalsten Gegenmaßnahmen« gegen die Juden vor.

39 Kempowski, *Echolot*, 19. Februar 1943, S. 175 f.

40 Ebenda, 19. Februar 1943, S. 181.

41 Ebenda.

42 Fetscher, *Goebbels*, Vorwort.

43 Goebbels TB, 23. Februar 1943.

44 Goebbels TB, 25. Februar 1943.

45 Goebbels TB, 27. Februar 1943.

46 Leugers (Hg.), *Berlin, Rosenstraße 2–4*; Gruner, *Widerstand in der Rosenstraße.*

47 Goebbels TB, 2. März 1943.

48 Goebbels TB, 11. März 1943.

49 Goebbels TB, 2. März 1943.

50 Goebbels TB, 6. März 1943.
51 Goebbels TB, 9. März 1943.
52 So die überzeugende Argumentation bei Gruner, *Widerstand in der Rosenstraße*, S. 85 ff.
53 Goebbels TB, 15. März 1943, siehe auch den Eintrag vom 20. März über eine weitere Unterhaltung mit Hitler über die Deportationen.
54 Goebbels TB, 18. April 1943.
55 Protokoll der Ministerkonferenz BAK, NL 1118/NL 138, 1. April 1943. Der Anregung, die Zahl der Wohnungen offen in der Propaganda zu nennen, wollte er hingegen nicht folgen.
56 Goebbels TB, 18. April 1943.
57 Goebbels TB, 27. Februar 1943.
58 Goebbels TB, 1. und 2. März 1943.
59 Goebbels TB, 9. März 1943.
60 Goebbels TB, 18. März 1942.
61 Goebbels TB, 11. und 28. Februar sowie 17. März; BAB, R 43 II/654a, Protokolle der Sitzung vom 10. Februar 1943 sowie vom 16. März 1943. Zu den Beratungen des Gremiums siehe Rebentisch, *Führerstaat*, S. 481 ff.
62 BAB, R 43 II/654a, Protokoll über die Sitzung vom 16. März 1943; Goebbels TB, 17. März 1943. Die Verordnung stieß bei den Ministerien auf allgemeine Bedenken und wurde am Ende nicht erlassen (Schriftverkehr hierzu in R 43II/658).
63 Goebbels TB, 17. März 1943; BAB, R 43 II/654a, Protokoll der Sitzung vom 17. März 1943; Kriegsmaßnahmenverordnung vom 12. Mai 1943, *Reichsgesetzblatt* 1943 I 290 f.
64 Goebbels TB, 17. März 1943 im Vergleich mit dem Protokoll der Sitzung vom 16. März 1943.
65 Goebbels TB, 23. Februar, 5., 9., 22. März 1943 (Zitat); BAB, R 43 II/658a Führervorlage Goebbels A II 218 v. 18. Februar 1943; hier auch Vermerk Lammers über Entscheidung Hitlers vom 4. März 1943 sowie Schreiben Lammers an die zuständigen Reichsminister betr. Pferderennen vom 24. März 1943; siehe hierzu Rebentisch, *Führerstaat*, S. 490 ff.; BAB, R 43 II/654a, Protokoll der Sitzung vom 17. März 1943, wo eine diesbezügliche Vorlage Goebbels verabschiedet wurde.
66 Goebbels TB, 17. März, auch 12., 13., 20., 21. und 27. März 1943.

67 Goebbels TB, 6. März 1943. In dem SD-Bericht vom 1. März 1943 hieß es hierzu, durch bestimmte Zeitungsartikel »fühlten sich Volksgenossen aus bürgerlichen Schichten durch einen als ›klassenkämpferisch‹ bezeichneten Ton abgestoßen«. Es sei schwierig, mit geeigneten Beiträgen gleichzeitig »gegen die Empfindlichkeit auf Seiten der bisher nicht im Arbeitsprozeß stehenden Volksgenossen und gegen die Skepsis und oft auftrumpfende Art der schon kriegsmäßig eingesetzten Schichten« anzukommen (Boberach [Hg.], *Meldungen aus dem Reich*, S. 4873).

68 *Das Reich*, 28. März 1943, »Vom Unrecht im Kriege«, auch in: Goebbels, *Der steile Aufstieg*, S. 228–236.

69 *Das Reich*, 4. April 1943, »Ein offenes Wort zum totalen Krieg«, auch in: Goebbels, *Der steile Aufstieg*, S. 237–242; Goebbels TB, 23. März, auch bereits 6. März 1943.

70 Goebbels TB, 2. April 1943.

71 Goebbels TB, 2., 3., 6. und 29. April 1943.

72 Gruchmann, »Korruption im Dritten Reich«; siehe hierzu auch insbesondere Goebbels TB, 22. und 23. März, 7. und 19. Mai sowie 23. Juli 1943.

73 Goebbels TB, 13. April 1943, über die anhaltenden Beschwerden auch 14. bis 19. April 1943.

74 Goebbels TB, 6. und 7. Mai (Zitat) 1943.

75 Goebbels TB, 7. Mai 1943, aufgrund einer Besprechung am Vortag.

76 Goebbels TB, 6. Mai, auch bereits 24. April 1943.

77 Goebbels TB, 10. Mai 1943. Siehe auch bereits 22. März 1943: »Auch der Führer ist der Meinung, daß man, um ein Beispiel herauszugreifen, das Haarfärben für Frauen nicht verbieten darf.«

78 Goebbels TB, 20. Mai, auch 11. Mai 1943.

79 Goebbels TB, 12. Mai 1943.

80 Goebbels TB, 22. Juni 1944.

81 Denkschriften Speers vom 12. und 20. Juli 1944, gedr. in: Bleyer, »Pläne der faschistischen Führung«.

82 Longerich, »Joseph Goebbels und der totale Krieg«. Die enge Kooperation mit Speer bei diesem Vorstoß ergibt sich insbesondere aus den Tagebucheintragungen vom Juli, im Einzelnen referiert bei Longerich, *Goebbels*, S. 627 f.

83 Speer, *Erinnerungen*, S. 405 (Anfang Juli).

84 BAB, R 43 II/664a, Protokoll der Chefbesprechung vom 22. Juli 1944; Goebbels TB, 23. Juli 1944; Longerich, *Goebbels*, S. 631.

85 Erlass vom 20. Juli 1944 (Himmler), in: Moll (Hg.), *»Führer-Erlasse« 1939–1945*, Nr. 340; sowie Verfügung vom 20. Juli 1944 (Bormann), ebenda, Nr. 341.

86 Goebbels TB, 24. Juli 1944.

87 *Reichsgesetzblatt* 1944 I 161 f.

88 Goebbels TB, 23. und 24. Juli 1944.

89 BAB, R 43 II/664a, 26. Juli 1944.

90 Goebbels TB, 4. August 1944.

91 Anordnung vom 16. August 1944, gedr. in: Michaelis/Schraepler (Hg.), *Ursachen und Folgen*, Bd. 21, Nr. 3528b.

92 Kunz, *Wehrmacht und Niederlage*, S. 158.

93 BAB, R 43 II/666, 19. August 1944 sowie ebenda, 665; dieses unter dem 24. August veröffentlichte zweite Schreiben gedr. in: Michaelis/Schraepler (Hg.), *Ursachen und Folgen*, Bd. 21, Nr. 666a.

94 Dritte Verordnung über die Meldung von Männern und Frauen für Zwecke der Reichsverteidigung vom 28. Juli 1944 (*Reichsgesetzblatt* 1944 I 168).

95 Goebbels TB, 24. August 1944.

96 Diese Maßnahmen sind in Goebbels' diesbezüglichen »Führerinformationen« sowie in Pressekommuniqués seines Ministeriums dokumentiert (Sammlung in BAB, R 43 II/666b).

97 Goebbels TB, 24. August 1944.

98 Goebbels TB, 28. September und 4. November 1944.

99 BAB, R 43 II/665, Schreiben Bormanns an Goebbels, 14. August 1944.

100 Goebbels TB, 24. August 1944.

101 Goebbels TB, 24. August und 5. Oktober 1944.

102 BAB, R 43 II/1363, Schriftwechsel hierzu; Goebbels TB, 10. August 1944; Herbst, *Der Totale Krieg*, S. 344.

103 Goebbels TB, 24. Oktober 1944.

104 Goebbels TB, 10. August 1944; hierzu ausführlicher Longerich, *Goebbels*, S. 639.

105 BAM, RH 15/126, Allgemeines Heeresamt, Stab II, Stand der Goebbels-Aktion vom 30. Dezember 1944, 1. Januar 1945; ebenda Notiz vom 23. Januar 1945 über die »Luftwaffenabgabe«. Weitere Einzelheiten bei Longerich, *Goebbels*, S. 640.

106 Goebbels TB, 7. Oktober 1944 und 11. Januar 1945; Kunz, *Wehrmacht und Niederlage*, S. 180 ff.

107 Goebbels TB, 17. September und 5. Oktober 1944, 10. November 1944; BAB, R 43 II/666b, Pressekommuniqué, 2. November 1944; Kunz, *Wehrmacht und Niederlage*, S. 160.

108 Einzelheiten bei Longerich, *Goebbels*, S. 649.

109 Kunz, *Wehrmacht und Niederlage*, S. 155.

110 Zu den Defiziten bei Ausrüstung und Bewaffnung siehe ebenda, S. 198 ff.; es waren nicht einmal in ausreichendem Umfang Gewehre vorhanden.

Literaturverzeichnis

Andreas-Friedrich, Ruth, *Der Schattenmann. Tagebuchaufzeichnungen 1938–1945*, Berlin 1947.

Arenhövel, Alfons (Hg.), *Arena der Leidenschaften. Der Berliner Sportpalast und seine Veranstaltungen 1920–1973*, Berlin 1990.

Bernhardi, Friedrich von, *Vom Krieg der Zukunft*, Berlin 1920.

Bleyer, Wolfgang, »Pläne der faschistischen Führung zum totalen Krieg im Sommer 1944«, in: *Zeitschrift für Geschichtswissenschaft* 17 (1969), S. 1312–1339.

Boberach, Heinz (Hg.), *Meldungen aus dem Reich 1938–1945. Die geheimen Lageberichte des Sicherheitsdienstes der SS*, 17 Bde., Herrsching 1984.

Boelcke, Willi A., »Goebbels und die Kundgebung im Berliner Sportpalast vom 18. Februar 1943«, in: *Jahrbuch für die Geschichte Mittel- und Ostdeutschlands* 19 (1970), S. 234–255.

ders. (Hg.), *Wollt ihr den totalen Krieg? Die geheimen Goebbels-Konferenzen 1939–43*, Herrsching 1989.

Die Berichte des Oberkommandos der Wehrmacht 1939–1945, Bd. 4: *1. Januar 1943 bis 31. Dezember 1943*, Köln 2004.

Fetscher, Iring, *Joseph Goebbels im Berliner Sportpalast 1943: »Wollt ihr den totalen Krieg?«*, Hamburg 1998.

Fischer, Guido, *Wehrwirtschaft. Ihre Grundlagen und Theorien*, München 1936.

Förster, Gerhard, *Totaler Krieg und Blitzkrieg. Die Theorie des totalen*

Krieges und des Blitzkrieges in der Militärdoktrin des faschistischen Deutschlands am Vorabend des 2. Weltkrieges, Berlin 1967.

Forsthoff, Ernst, *Der totale Staat*, Hamburg 1933.

Franke, Hermann (Hg.), *Handbuch der neuzeitlichen Wehrwissenschaften*, Bd. I, Berlin/Leipzig 1936.

Fröhlich, Elke (Hg.), *Die Tagebücher von Joseph Goebbels*, 32 Bde., München 1993–2008. (In den Anmerkungen abgekürzt als »Goebbels TB«.)

Goebbels, Joseph, *Die Zeit ohne Beispiel*, München 1941.

Goebbels, Joseph, *Der steile Aufstieg. Reden und Aufsätze aus den Jahren 1942/43*, München 1943.

Gröhler, Olaf, *Bombenkrieg gegen Deutschland*, Berlin 1990.

Grub, Heiner (Hg.), *Der Briefwechsel der Eltern Hermann und Lore Grub*, Bd. 1, Stuttgart/Tübingen 2004.

Gruchmann, Lothar, »Korruption im Dritten Reich. Zur Lebensmittelversorgung der NS-Führerschaft«, in: *Vierteljahrshefte für Zeitgeschichte* 42 (1994), S. 571–593.

Gruner, Wolf, *Widerstand in der Rosenstraße. Die Fabrik-Aktion und die Verfolgung der »Mischehen« 1943*, Frankfurt am Main 2005.

Hachmeister, Lutz und Michael Kloft (Hg.), *Das Goebbels-Experiment – Propaganda und Politik*, München 2005.

Heiber, Helmut, *Joseph Goebbels*, Berlin 1965.

Heiber, Helmut (Hg.) *Goebbels-Reden 1932–1945*, 2 Bde., Düsseldorf 1972.

Herbst, Ludolf, *Der Totale Krieg und die Ordnung der Wirtschaft. Die Kriegswirtschaft im Spannungsfeld von Politik, Ideologie und Propaganda 1939–1945*, Stuttgart 1982.

Hesse, Kurt, *Der Feldherr Psychologos. Ein Suchen nach den Führern der deutschen Zukunft*, Berlin 1922.

Hitler, Adolf, *Reden und Proklamationen 1932–1945. Kommentiert von einem deutschen Zeitgenossen*, hg. von Max Domarus, 2 Bde., Neustadt a. d. Aisch 1963.

International Military Tribunal. Der Prozess gegen die Hauptkriegsverbrecher vor dem Internationalen Militärgerichtshof, 14. Oktober 1945 bis 1. Oktober 1946, 42 Bde., Nürnberg 1947–1949.

Judenverfolgung und jüdisches Leben unter den Bedingungen der nationalsozialistischen Gewaltherrschaft, Bd. 1: *Tondokumente und Rundfunksendungen 1930–1946*, zusammengest. u. bearb. v. Walter Roller, Potsdam 1996.

Jünger, Ernst, »Die totale Mobilmachung«, in: ders., *Krieg und Krieger*, Berlin 1931, S. 11–30.

Kegel, Jens, *»Wollt Ihr den totalen Krieg?« Eine semiotische und linguistische Gesamtanalyse der Rede Goebbels' im Berliner Sportpalast am 18. Februar 1943*, Tübingen 2006.

Kellner, Friedrich, *»Vernebelt, verdunkelt sind alle Hirne«. Tagebücher 1939–1945*, hg. v. Sascha Feuchert et. al., Göttingen 2011.

Kempowski, Walter, *Das Echolot. Ein kollektives Tagebuch. Januar und Februar 1943*, Bd. IV: *16. bis 28. Februar 1943*, München 2016.

Klemperer, Victor, *Ich will Zeugnis ablegen bis zum letzten. Tagebücher 1933–1945*, 2 Bde., hg. von Walter Nowojski, 7. Aufl., Berlin 1997.

Krause, Joachim (Hg.), *Fremde Eltern. Zeitgeschichte in Tagebüchern und Briefen 1933–1945*, 2. Aufl., Beucha 2016.

Kroener, Bernhard R., »›Menschenbewirtschaftung‹, Bevölkerungsverteilung und personelle Rüstung in der zweiten Kriegshälfte (1942–1944)«, in: ders. et al. (Hg.), *Organisation und Mobilmachung des deutschen Machtbereichs*. Zweiter Halbband: *Kriegsverwaltung, Wirtschaft und personelle Ressourcen 1942–1944/45*, Stuttgart 1999, S. 777–1003.

Kunz, Andreas, *Wehrmacht und Niederlage. Die bewaffnete Macht in der Endphase der nationalsozialistischen Herrschaft, 1944 bis 1945*, München 2005.

Laqueur, Walter, *Was niemand wissen wollte*, Frankfurt am Main/Berlin/Wien 1981.

Leugers, Antonia (Hg.), *Berlin, Rosenstraße 2–4: Protest in der NS-Diktatur. Neue Forschungen zum Frauenprotest in der Rosenstraße* 1943, Annweiler 2005.

Lochner, Louis P. (Hg.), *Goebbels Tagebücher aus den Jahren 1942–43*, Zürich 1948.

Longerich, Peter, *Propagandisten im Krieg. Die Presseabteilung des Auswärtigen Amtes unter Ribbentrop*, München 1987.

ders., »Joseph Goebbels und der totale Krieg. Eine unbekannte Denkschrift des Propagandaministers vom 18. Juli 1944«, in: *Vierteljahrshefte für Zeitgeschichte* 35 (1987), S. 289–314.

ders. (Hg.), *Die Ermordung der europäischen Juden. Eine umfassende Dokumentation des Holocaust 1941–1945*, München 1989.

ders., *»Davon haben wir nichts gewusst!« Die Deutschen und die Judenverfolgung 1933–1945*, München 2006.

ders., *Goebbels*, München 2010.

Ludendorff, Erich, *Der totale Krieg*, München 1935.

Ludowici, Johann Wilhelm, *Totale Landesverteidigung*, Oldenburg/Berlin 1936.

Mehs, Matthias Joseph, *Tagebücher. November 1929 bis September 1946*, 2 Bde., Bd. 2: Januar 1936 bis September 1946, hg. v. Günter Wein und Franziska Wein, Trier 2011.

Michaelis, Herbert und Ernst Schraepler (Hg.), *Ursachen und Folgen. Vom deutschen Zusammenbruch 1918 und 1945 bis zur staatlichen Neuordnung Deutschlands in der Gegenwart. Eine Urkunden- und Dokumentensammlung zur Zeitgeschichte*, 27 Bde., Berlin 1958–1979.

Moll, Martin (Hg.), *»Führer-Erlasse« 1939–1945, Edition sämtlicher überlieferter, nicht im Reichsgesetzblatt abgedruckter, von Hitler während des Zweiten Weltkriegs schriftlich erteilter Direktiven aus den Bereichen Staat, Partei, Wirtschaft, Besatzungspolitik und Militärverwaltung*, Stuttgart 1997.

Moltmann, Günter, »Goebbels' Rede zum totalen Krieg am 18. Februar 1943«, in: *Vierteljahrshefte für Zeitgeschichte* 12 (1964), S. 13–43.

Oldenhage, Klaus, »Die Pfalz und das Saarland während des Krieges (1940–1945). Aus den Lageberichten des Oberlandesgerichtspräsidenten und Generalstaatsanwaltes in Zweibrücken«, in: *Jahrbuch für westdeutsche Landesgeschichte,* Teil I: 5 (1979), S. 303–356, Teil II: 6 (1980), S. 343–398.

Pötzl, Norbert F., *Casablanca 1943. Das geheime Treffen, der Film und die Wende des Krieges,* München 2017.

Rebentisch, Dieter, *Führerstaat und Verwaltung im Zweiten Weltkrieg. Verfassungsentwicklung und Verfassungspolitik, 1939–1945,* Stuttgart 1989.

Regenhardt, Hans Otto (Hg.), *Forum Geschichte,* Teil 9/10: *Vom Kaiserreich bis zur Gegenwart,* Berlin 2010.

Reuth, Ralf Georg, *Goebbels,* München/Zürich 1990.

Ritter, Hans, *Der Zukunftskrieg und seine Waffen,* Leipzig 1924.

Sauer, Michael (Hg.), *Geschichte und Geschehen,* Stuttgart/Leipzig 2013.

Schreier, Christa, »Der Sportpalast in seiner baulichen Entwicklung«, in: Arenhövel, Alfons (Hg.), *Arena der Leidenschaften. Der Berliner Sportpalast und seine Veranstaltungen 1920–1973,* Berlin 1990, S. 16–38.

Schütz, Hans (Hg.), *Bamberger Berichte über Stimmung und Haltung der Bevölkerung des Oberlandesgerichtsbezirks Bamberg während des 2. Weltkrieges,* Bamberg 1983.

Seligmann, Rafael, *Hitler. Die Deutschen und ihr Führer,* Berlin 2004.

Soldan, George, *Der Mensch in der Schlacht der Zukunft,* Oldenburg 1925.

Speer, Albert, *Erinnerungen,* Berlin 1999.

Steinert, Marlis G., *Hitlers Krieg und die Deutschen. Stimmung und Haltung der deutschen Bevölkerung im Zweiten Weltkrieg,* Düsseldorf/Wien 1970.

Stumpf, Reinhard, »Der Krieg im Mittelmeerraum 1942/43: Die Operationen in Nordafrika und im Mittelmeer«, in: Boog, Horst u. a. (Hg.), *Der Globale Krieg. Die Ausweitung zum Weltkrieg und der Wechsel der Initiative 1941–1943*, Stuttgart 1990, S. 567–757.

Thacker, Toby, *Joseph Goebbels. Life and Death*, London 2009.

Wegner, Bernd, »Der Krieg gegen die Sowjetunion 1941/43«, in: Boog, Horst u. a., *Der Globale Krieg. Die Ausweitung zum Weltkrieg und der Wechsel der Initiative 1941–1943*, Stuttgart 1990, S. 759–1102.

Personenregister